お家庭《うち》でつくろう

さっぱりイタリアン

食べたらわかる優しい味

伊藤とみ子

イラスト／佐々木勢津子

風媒社

はじめに

1973 年師走、夫の家業を継ぐべく、私たち夫婦は東京から名古屋に移り住んできました。

当時は第一次オイルショックの真っ只中。「砂糖がない！」「トイレットペーパーを買いだめしなくては！」という世間の狂騒を不思議な気持ちで眺めていました。何故なら私たちは半年間のニューヨーク～ヨーロッパ旅行からの帰国直後、貧乏旅行だったので「無いもの生活」をすんなり受け入れていたからです。

ものが無いのは平気でも、関東育ちの私にとって名古屋は簡単には適応できない土地でした。やがて子供を育てはじめる頃になると、「こんな時期には、家族が喜んでくれる料理に取り組むのが一番」と、ニューヨークのレストランで食べてカルチャーショックを受けたイタリア料理を作っていました。

そうです。私のイタリア料理は本国イタリアではなく、世界各国のレストランが味を競い合っているニューヨークが原点なのです。そして、私の料理は食べることから始まっているのです。

その後、東京「キャンティ」の森岡輝成氏や「アルポルト」の片岡護氏などのレシピ本を参考に試行錯誤したり、東京やニューヨークのレストランを食べ歩いたりして、だんだんと「〈わたし流〉イタリア家庭料理」のレシピを作ってきました。だれにも教わることがないまま、現在に至っています。

〈わたし流〉とは、素材にこだわり、旬にこだわり、添加物なしの自然食品にこだわり、素材の本来持っている美味しさを引き出すようシンプルに調理し、さっぱりとした、優しい味に仕上げることです。最近は、そこに和食感をプラスしたものが増えています。さっぱり味というのは、上品さと奥深さが必要です。そのための秘訣を、このレシピ集に掲載していますので、どうぞお試しください。

日本でも今やイタリア料理店が増え、イタリアの食材もたくさん店頭に並ぶようになりました。そろそろご家庭でも、日本人による日本人のための「さっぱりイタリアン」を作ってみませんか。色とりどりのさっぱりイタリアンを大皿にドンと盛り、ワイワイと皆でいただく。イタリアンは、大勢が集まった時には特に力を発揮してくれる料理なのです。

“食”が真ん中にある家庭には笑顔があり、活気がみなぎっています。そんな家庭づくりのお手伝いができたら幸せです。

CONTENTS

基本のソース

皆で囲もうおもてなしレシピ

Main Dish

Pasta

Risotto

Soup

Apetizer

Crostini

豆を食べよう洋食豆レシピ

Main Dish

Pasta

Apetizer

Crostini

essay 喰っちゃべりレシピ

材料

玉ねぎ……………………1/2個
（みじん切り）
にんにく………………1片
（みじん切り）
ホールトマト…………800g
（缶詰２缶）
オリーブオイル、塩、
こしょう、ローリエ

トマトソース

作り方

1

ホールトマトのヘタ、皮などの固い部分を取り除き、ホールトマトを手でつぶす。

2

鍋にオリーブオイル、にんにくを入れ、にんにくの香りが出るまで弱火でゆっくり炒め(約５分)、さらに玉ねぎを加え５分くらい炒める。

3

ホールトマトを加え、強火にして煮立たせ、アクを取り、蓋をして約20分弱火で煮、最後に塩、こしょうで味を調える。

MEMO

究極のこだわりトマトソースにするための材料

＊玉ねぎは有機を求めたい

有機野菜の玉ねぎは旨さや甘さが濃く、かつ上品な優しい味に仕上げてくれます。

＊塩は自然塩を使いたい

約80種類にも及ぶ微量ミネラルを含む海水から作られた自然塩は、味を優しく、まろやかにしてくれます。

＊こしょうは挽きたてを使いたい

ペッパーミルで挽いたものは香りが違います。こしょうを多めにすると塩気は控えめにできますよ。

＊にんにくは青森産を使いたい

ミートソース

材料

牛のひき肉……………300g
玉ねぎ…………………1/2個(みじん切り)
にんじん………………1/2本(みじん切り)
セロリ…………………1/2本(みじんぎり)
にんにく………………1片(みじん切り)
ホールトマト…………800g(手でつぶす)
トマトペースト………大さじ1
ローリエ………………1枚

作り方

1

厚鍋にオリーブオイル大さじ１とにんにくを
弱火で炒め、にんにくの香りがしてきたら、
玉ねぎ、にんじん、セロリを加えて炒め、
野菜がしんなりしてきたら
中火にしてひき肉を炒める。

2

肉に火が通ったら、ホールトマトとトマトペーストを加え、沸騰したらアクを取り、ローリエを入れ、25～30分煮込む。最後に塩、こしょうで調味する。

ホワイトソース

材料

牛乳………………4カップ
小麦粉……………大さじ4
バター……………大さじ4(60g)

作り方

1

厚手の浅鍋に牛乳と小麦粉を入れ、泡立て器でしっかり小麦粉を溶かし、火をつける。

2

そこにバターを加え、中火弱でダマにならないよう15～20分木ベラで絶えずかき混ぜ、トロミをつける。

MEMO

＊牛乳、小麦粉、バターは量の多さが違っても１：１：１です。多めに作って冷凍するのもお勧めです。

〈さっぱりイタリアン〉3つのポイント

家庭で作るイタリアンは、さっぱりと優しい味に仕上げたいものです。そのためには、

Ⅰ.本物を使う。

有機野菜や昔ながらの製法の調味料は優しい味わいで、後味がさっぱりしています。

とくに塩は大事です。80種の微量ミネラルを含んだ自然塩は、料理の味をまろやかにしてくれます。

Ⅱ.旬のものを使い、素材を生かしシンプルに調理する。

春の貝類、秋のきのこ等、旬のものは美味しさも食感も断然違います。できたらお宅の近辺で収穫されたものを求めたいものです。

Ⅲ.油・脂をできるだけ少量にする。

酒等を併用して極力油の使用を少なくします。浮いた脂、アクは丁寧に取り除きましょう。

調理のコツ

料理には、共通した決まり事があります。基本となるコツを身につけましょう。

＊にんにくの炒め方

厚手の鍋にオリーブオイルとにんにくを入れ、弱火でゆっくり炒める。うっすら色づき、香りが出てくるまで５分くらい炒めると上品な味わいになります。

＊玉ねぎの炒め方

にんにく同様ゆっくり炒めること。量が多くなるので、にんにくの火よりちょっと強めで。特に有機の玉ねぎは旨み、甘みが濃いので美味しさが引き立ちます。

＊ワインを入れたらフランベすること

ワイン等のアルコールを入れたら、２～３分中火強でアルコール分を飛ばすこと。ワインの酸味が旨みになります。

＊煮込み用鍋は厚手のものを

鍋によって美味しさが変わるほど、鍋は大事な調理具です。煮立つまでは蓋をしないで（煮立ったのがわかる）強火で煮、浮いたアクを取り除いたら、蓋をして弱火でじっくり煮込みましょう。

＊こしょうは挽きたてを

ペッパーミルで挽いたこしょうは、香りが違います。こしょうは多めで塩は控えめに。

皆で囲もう おもてなしレシピ

イタリアンは赤・白・緑と、色とりどり。
そんなイタリアンを大皿にドーンと盛り、
ときには家族、友人、知人をお招きして
賑やかな食卓に。

カチャトーラ

ワインビネガーが鶏肉を爽やかにしてくれます

材料
【4人分】

鶏もも肉、胸肉……………………………各1～2枚
玉ねぎ……………………………………1個（スライス）
にんにく…………………………………1片（みじん切り）
白ワインビネガー…………………………大さじ1
白ワイン……………………………………1/2cup
ブイヨン……………………………………1cup（水1cup
＋固形スープの素 1/2個）
トマト……………………………………2個（くし型に切る）
いんげん…………………………………20本（サッと茹でる）
いんげん豆、ひよこ豆等の茹でた豆……1カップ
ブラックオリーブ…………………………15個
ローズマリー、パセリのみじん切り、オリーブオイル、小麦粉

難易度　★★☆
所要時間　40分

作り方

1

鶏肉は４つに切り、軽く塩、こしょうをし、
小麦粉をまぶす。

2

オリーブオイルで鶏肉の表面に焼き色をつける。

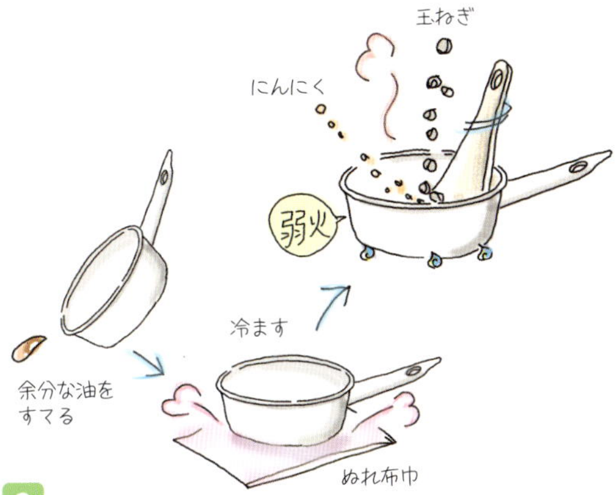

3

にんにくを入れてきつね色になるまで炒め、
さらに玉ねぎを加えて炒める。

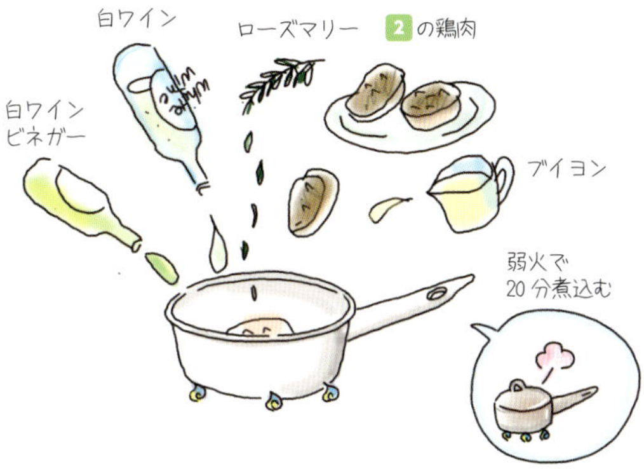

4

さらに白ワインビネガー、白ワインを振り入れ、
ローズマリーをちぎって入れ、鶏肉と、ブイヨンを
加えて蓋をし、煮込む。

5

さらに豆、ブラックオリーブを入れ、いんげん、トマトも
加えてひと煮し、塩、こしょうで味を調え、
器に盛ってパセリを散らす。

MEMO

＊鶏肉の煮込み時間は20~30分、煮過ぎないように。
＊熱い鍋ににんにくを入れると焦げます。鍋底を水につけるか、濡れ布巾を当てるかして鍋底を冷ましましょう。

チキンのグラタン

骨付きチキンで作ったグラタンは、ひと味もふた味も違います

材料【4人分】

ペンネ……………………………100g
地鶏の骨つきもも肉…………1本
ブロッコリー……………………1/2 ～ 1株
（食べやすい大きさにし、サッと塩茹でする）
玉ねぎ……………………………1個（スライス）
ホワイトソース………………4cup（5ページ参照）
白ワイン…………………………1/2cup
パン粉、グリュエールチーズ、パルメザンチーズ
バター、オリーブオイル

作り方

1

ペンネは熱湯にひと握りの塩を入れて
アルデンタに茹で、ザルにあげておく。

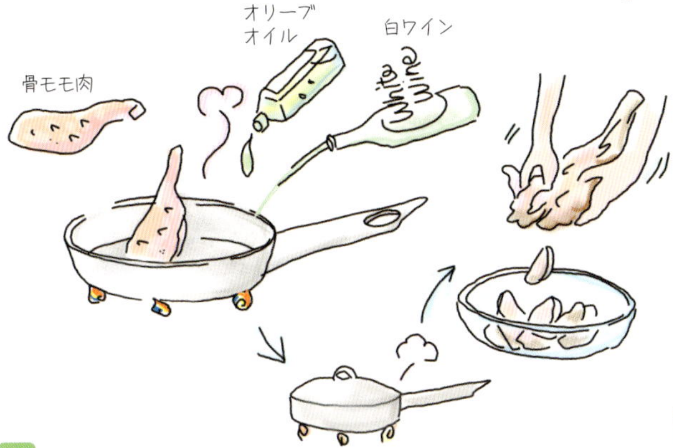

2

オリーブオイルで鶏の表面に焼き色をつけ、
ワインを入れ蓋をして中まで火を通し、
食べやすい大きさに手でさく。

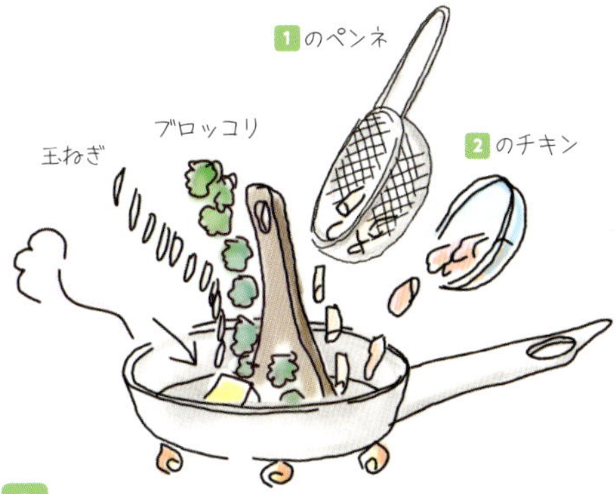

3

バター大さじ１で玉ねぎがしっとりするまで
炒め、ペンネ、鶏、ブロッコリーを炒める。

4

ホワイトソースの2/3と混ぜ合わせ、
バターを塗ったグラタン皿に入れ、
残りのホワイトソースを上にかける。

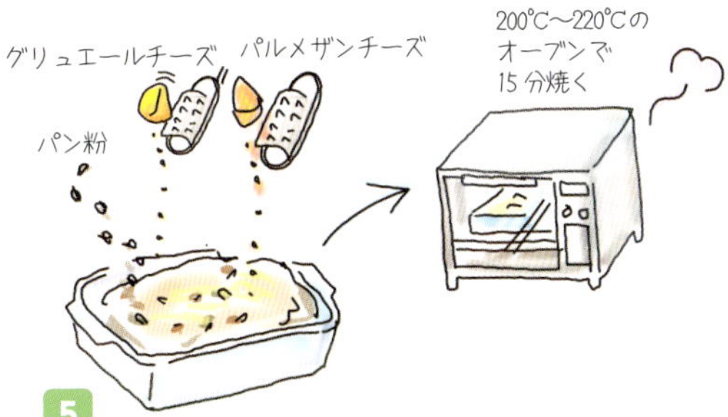

5

パン粉、おろしたグリュエールチーズ、
パルメザンチーズを散らし、オーブンで焼く。

MEMO

＊2のチキンは後でオーブンで焼くので、
中までしっかり火が通っていなくてもＯＫ。

鶏胸肉のカツレツ・サラダ仕立て

熱々カツに冷たいサラダの取り合わせが Good ！

材料【4人分】

鶏胸肉……………………………………2枚(皮を取り、2つにする)
ルッコラ…………………………………1株(5cm に切る)
プティトマト……………………………10個(5mm 角にする)
小麦粉、溶き卵
ドレッシング
　EXV オリーブオイル………………大さじ 3
　白ワインビネガー……………………大さじ 1
　レモン汁………………………………大さじ 1
　マスタード……………………………小さじ 1
　バルサミコ酢…………………………小さじ 1
　塩、こしょう
香草パン粉
　ドライパン粉…………………………100g
　ローズマリー…………………………少々(出来るだけ細かく切る)
　パルメザンチーズ……………………大さじ 1
　にんにくのみじん切り………………小さじ 1
　アンチョビペースト…………………小さじ 1

難易度　★★☆
所要時間　1時間

作り方

1
ドレッシングを作る。

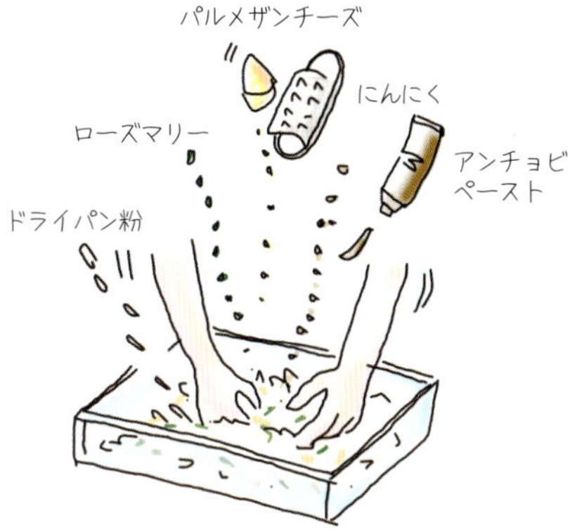

2
香草パン粉を作る。

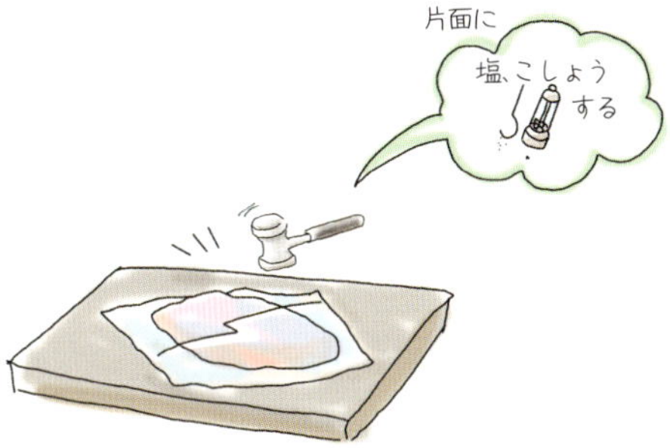

3
鶏肉にラップをかけ、肉叩きでできるだけ薄く
平らにのばし、片面だけ軽く塩、こしょうをする。

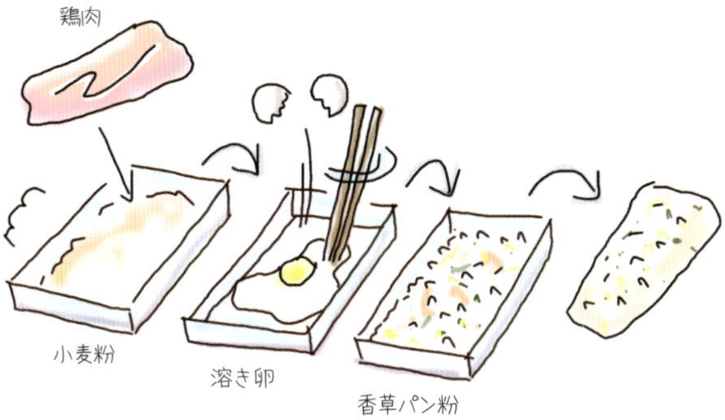

4
小麦粉、溶き卵、香草パン粉をつけカツレツにする。

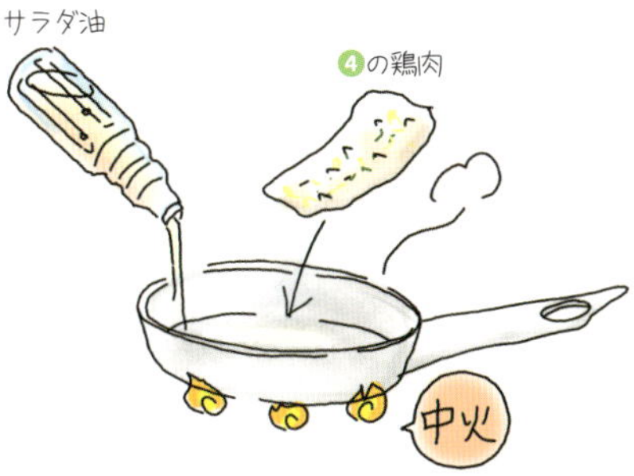

5
サラダ油を1カップくらい入れ、
フライパンを動かしながら両面をきつね色に焼く
（肉が沈まない程度に油を保つこと）。

6
皿に盛り、ルッコラとプティトマトをのせ、
ドレッシングを添えて、熱々をいただく。

MEMO
＊ルッコラとプティトマトは冷蔵庫でしっかり冷やすこと。熱々のチキンカツと冷え冷えのサラダがこの料理のポイントです。

豚バラ肉とキャベツの煮込み

驚くほど柔らかくなった豚バラとキャベツが旨ーい！

材料【4人分】

豚バラ肉………………500g
キャベツ………………500g(大きめのざく切り)
玉ねぎ…………………1/2 個(スライス)
にんにく………………1 片(みじん切り)
アンチョビ……………2 枚
ブランデー……………大さじ 1
白ワイン………………1/2cup
トマトソース…………1.5cup
ブイヨン………………1cup（水 1cup＋固形スープの素 1 個）
小麦粉、オリーブオイル、塩、こしょう

作り方

1

バラ肉は3~4cmの角切りにし、塩、こしょうをふり、小麦粉をまぶす。

2

オリーブオイルでバラ肉の表面が色づくまでよく炒める。

3

オリーブオイルでにんにくを炒め、玉ねぎとアンチョビを加え、玉ねぎがしんなりするまで炒め、バラ肉を加える。

4

ブランデーと白ワインを加え、2~3分煮立たせてアルコール分を蒸発させ、トマトソースとブイヨンを加え、煮立ったらアクを取り、蓋をして約30分煮込む。

5

キャベツを加え約30分煮、肉とキャベツが煮崩れるくらい煮て、塩、こしょうで味を調える。

MEMO

＊バラ肉を中火で全面にしっかり焼き色をつけることが大事。
＊オーブンで煮込むと焦げ付かないことご存知ですか。ただ持ち手等が全部金属の鍋でないとオーブンに入れられません。
＊直火のときは、鍋底の焦げ付きを時々チェックすること。キャベツがしんなりしてきたら、肉を崩さないよう気をつけながらキャベツを鍋底にもっていくといいでしょう。
＊煮込み中バラ肉の脂が出るので、小まめに取り除くとさっぱり味になります。

牛ひき肉煮込みとマッシュポテトのオーブン焼き

子どもからご年配まで、みんな大喜び

材料【4人分】

牛ひき肉………………250g
じゃがいも……………4 ~ 5 個
にんじん………………1/2 個 (みじん切り)
ズッキーニ……………1 本(粗みじん切り)
玉ねぎ…………………1/2 個(みじん切り)
マッシュルーム………10 個 (粗みじん切り)
にんにく………………1 片 (みじん切り)
トマトソース…………1/2cup(4 ページ参照)
トマトピューレ………大さじ 2
トマトケチャップ……大さじ 2
ブイヨン………………1cup(水 1cup に固形スープの素 1 個)
牛乳……………………1cup
バター…………………20g
オリーブオイル、パルメザンチーズ、小麦粉、ナツメグ、オレガノ

作り方

1

まずマッシュポテトを作る。じゃがいもをたっぷりのお湯で茹で、熱いうちに皮をむき、マッシャーか裏ごし器で裏ごしする。

2

じゃがいも、バター、牛乳、ナツメグを少々入れ、滑らかなマッシュポテトにし、塩、こしょうで調味する。

3

オリーブオイル大さじ１でにんにくを炒める。

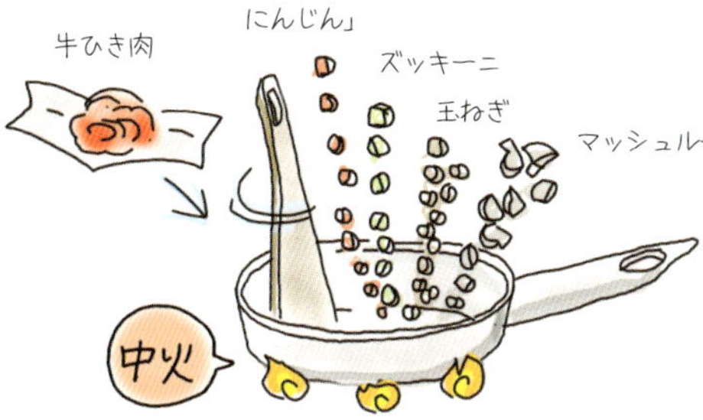

4

さらに牛ひき肉、野菜を加える。

5

小麦粉大さじ１を入れ軽く炒める。

6

さらに調味料を加え、蓋をして煮込み、味を確かめてから塩、こしょうで味を調える。

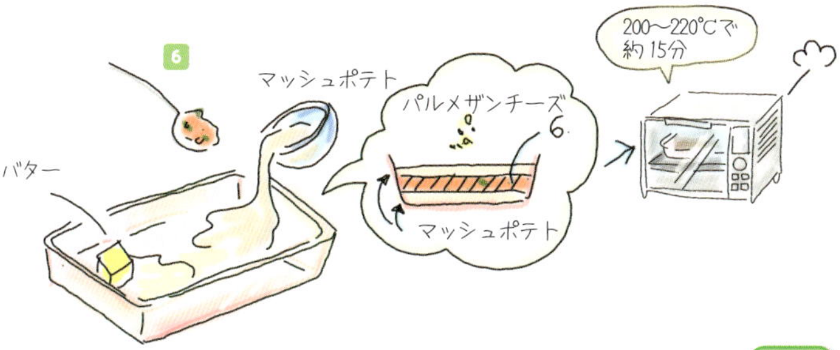

7

耐熱皿にバター(分量外)を塗り、マッシュポテトの1/2を敷き、その上に6を平らにして置き、さらに残りのマッシュポテトを平らにし、パルメザンチーズを散らし、オーブンで焼く。

MEMO

＊マッシュポテトは平らにのばすので、柔らかめがBetter

ローストビーフ

高級食材に手間暇をかけた、最高に贅沢な特別の日のご馳走

材料【6～7人分】

牛塊肉(サーロイン、もも等)……………1kg
香味野菜
(玉ねぎ、にんじん、セロリ、パセリの茎、ローリエ等)
……………………………………………約 200g
粒こしょう………………………………10 粒
オリーブオイル…………………………大さじ 1
白ワイン…………………………………50cc
固形スープの素…………………………1 個
赤ワイン…………………………………50cc
ブランデー………………………………少々
ホースラディッシュ又はわさび

作り方

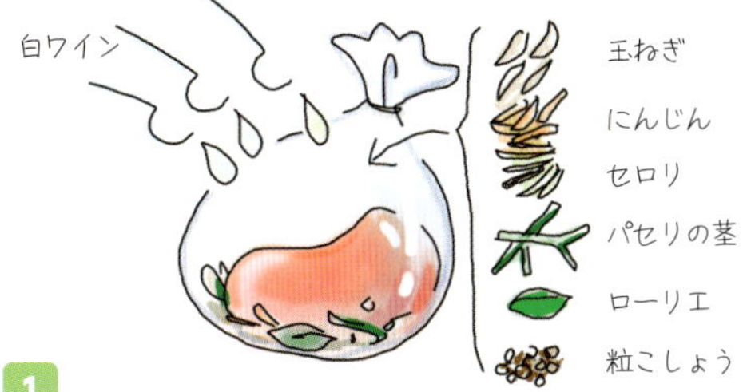

1

牛肉は香味野菜、粒こしょう、オリーブオイル、白ワインとともにポリ袋に入れ、半日つけておく。

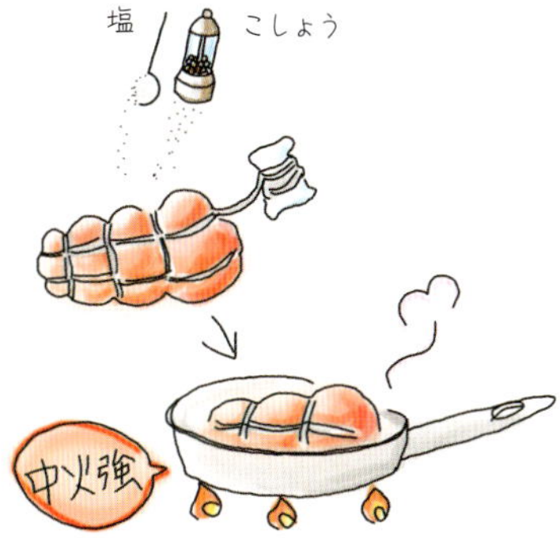

2

焼く前に袋から出し、肉にしっかり塩、こしょうをふり、タコ糸で縛り、表面に焦げ目をつける。

3

香味野菜は金属製のバットに敷く。

4

2の牛肉を香味野菜のうえに置き、170℃のオーブンで40〜50分焼く。

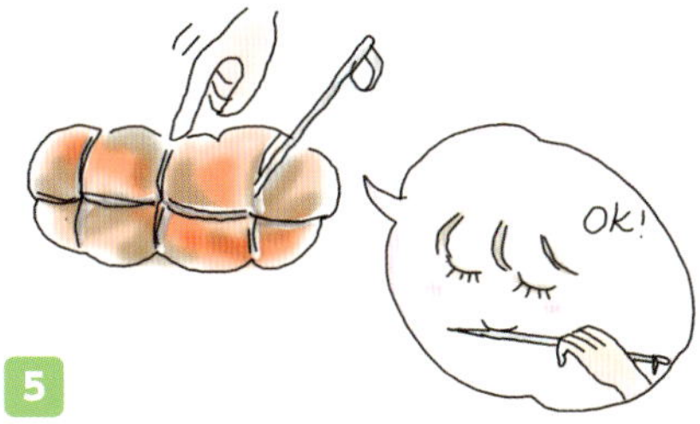

5

表面を指で押して堅くなっていれば焼けているしるし。金ぐしを刺し、4〜5秒おいて抜き、唇に当ててみて40℃ぐらい(お風呂の湯)ならちょうどいい。

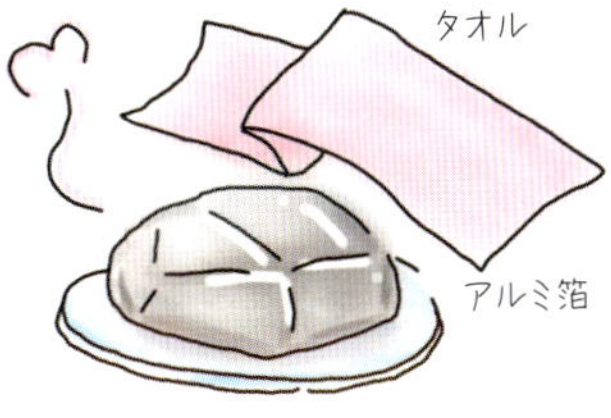

6

オーブンから出してすぐ切ると肉汁が流れて旨味が損なわれるので、皿の上にのせ、アルミ箔をかけ、さらにタオルをかぶせておく。

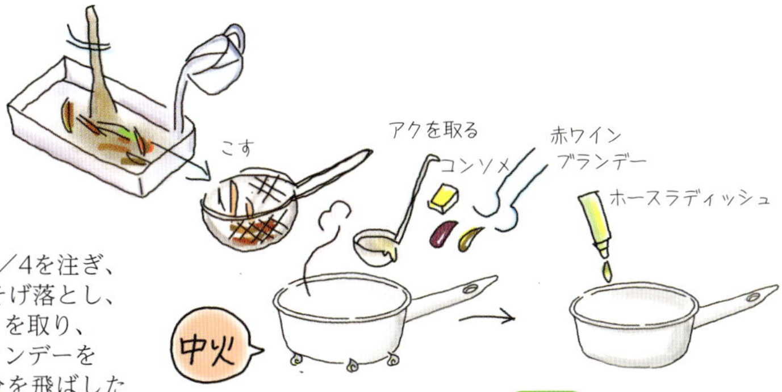

7

グレービーソースを作る。
肉を取り出した後のバットに水3／4を注ぎ、こびりついた肉汁を木ベラでこそげ落とし、こして火にかけ、煮立ったらアクを取り、固形スープの素、赤ワイン、ブランデーを加え5分くらい煮てアルコール分を飛ばしたら火を消し、ホースラディッシュを少々加え、このグレービーソースとホースラディッシュを添えて食卓へ。

MEMO
＊オーブンに入れる2時間前には室温でおくこと。

牛カツレツのモッツァレーラチーズのせ

お肉が少なくてもご馳走感たっぷり

材料【4人分】

ステーキ用牛肉……………………………4枚（1人80gぐらい）
パルメザンチーズ…………………………大さじ2
フレッシュモッツァレーラチーズ……1個
アンチョビ…………………………………4枚（縦に半分切り）
トマトソース………………………………1cup
いんげん……………………………………12本（サッと茹でる）
パン粉、強力粉、溶き卵
レモン

作り方

1
ボウルにパン粉とパルメザンチーズを入れ、よく混ぜる。

2
牛肉をラップで挟み、肉たたきで薄くのばし、片面に塩、こしょうをふる。

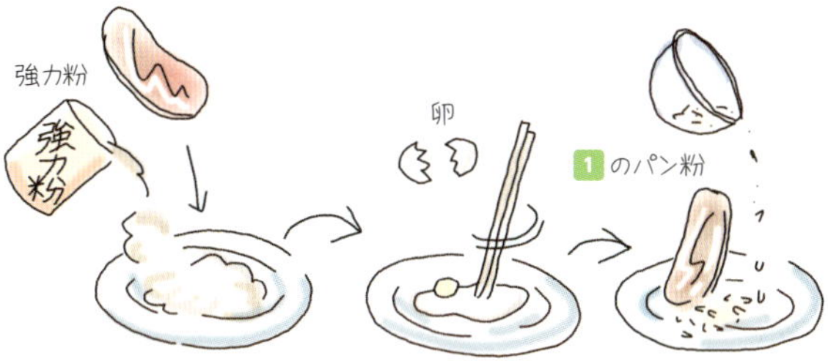

3
牛肉に衣をつけ、手でしっかり押さえる。

4
フライパンに肉が浸る程度の多めのサラダ油を入れ、牛肉を入れ、時々ゆすりながら火を通す。

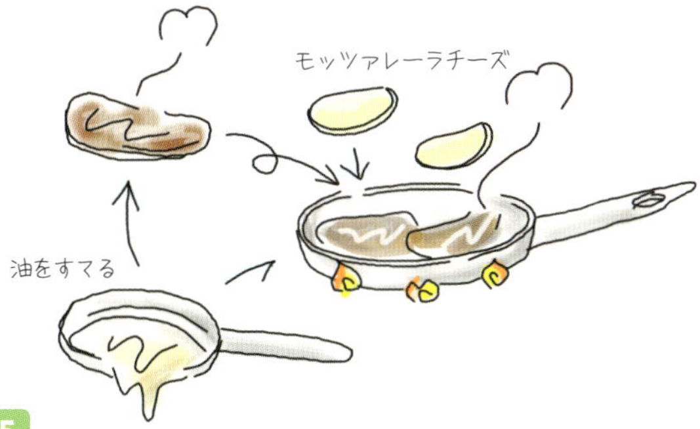

5
油を捨ててモッツァレーラチーズをのせ、蓋をしてチーズを溶かす。

6
チーズが溶けたら、器に温めたトマトソースを敷き、いんげんを置き、5 の上にアンチョビをのせ、レモンを添えて食卓へ。

MEMO
＊牛カツに火を通し過ぎないこと。
＊フレッシュモッツァレーラはすぐ溶けるので、6 の用意をしておくと良いでしょう。

きのこ入りラザーニア

大好きなラザーニアに、きのこをたっぷり入れました

材料
【4人分】

きのこ類
(椎茸、しめじ、マッシュルーム等)……150g(食べやすい大きさに切る)
ミートソース……………………………2～3cup(5ページ参照)
トマトソース……………………………1cup(4ページ参照)
生クリーム………………………………200cc
モッツァレーラチーズ…………………200g(短冊切り〉
パルメザンチーズ………………………大さじ6～7
ラザーニア………………………………12枚
オリーブオイル、バター、塩、こしょう

作り方

1

きのこ類をオリーブオイルで炒め、塩、こしょうで味付けし、ミートソースに混ぜる。

2

ラザーニアがくっつかないように、大さじ1のサラダ油を入れ、時々かき混ぜながら気をつけて茹でる。茹で上がったら冷水に取り、水分を拭き取る。

3

生クリームを1/2の量になるまで煮詰める。

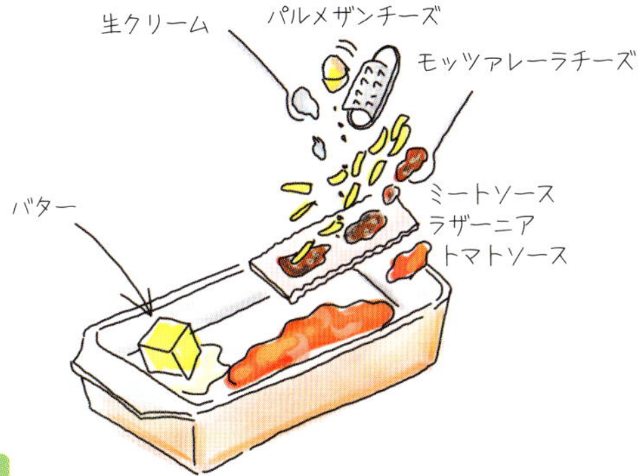

4

耐熱食器にバターをぬり、トマトソースの半量を敷き、ラザーニアを並べ、ミートソース、モッツァレーラ、パルメザンチーズ、生クリームをのせ、それを繰り返す。

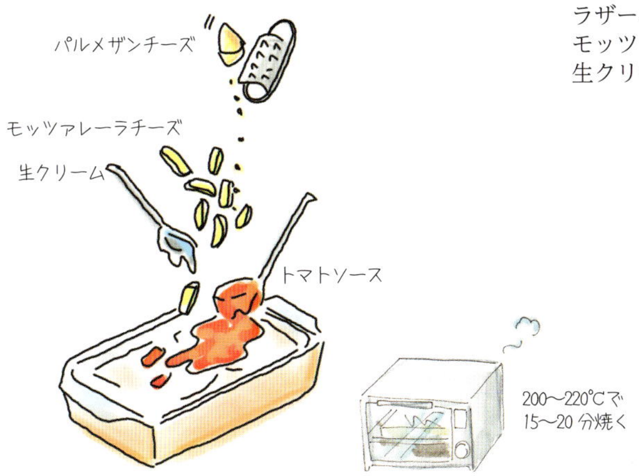

5

表面はトマトソース、生クリームをたらし、モッツァレーラ、パルメザンチーズをふり、オーブンで焼く。

MEMO

＊きのこの旬は秋、秋のきのこで作ると、きのこの香りと食感がたまらないラザーニアになります。
＊ミートソース、トマトソースを使うので、前もって作っておくと短時間に作れます。

蟹とバジルソースのラザーニア

贅沢な味わいの大人のラザーニア

材料
【4人分】

ずわい蟹……………………150g
トマト………………………2個(湯むきして、5mm角に切る)
しめじ………………………2パック(1cmくらいに切る)
にんにく……………………1片(みじん切り)
玉ねぎ………………………1/2個(みじん切り)
トマトソース………………1cup(4ページ参照)
バジルソース………………大さじ2(44ページ参照)
生クリーム…………………200cc
白ワイン……………………30cc
モッツァレーラチーズ……100g(短冊に切る)
パルメザンチーズ…………大さじ4
ラザーニア…………………10枚
オリーブオイル、塩、こしょう

作り方

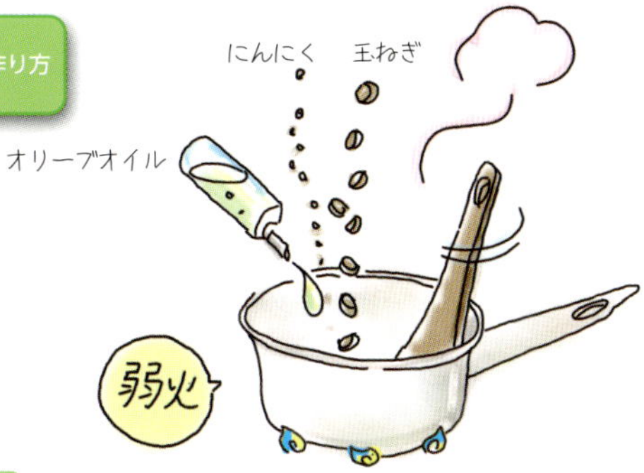

1

オリーブオイルでにんにくを炒め、玉ねぎを加えさらに炒める。

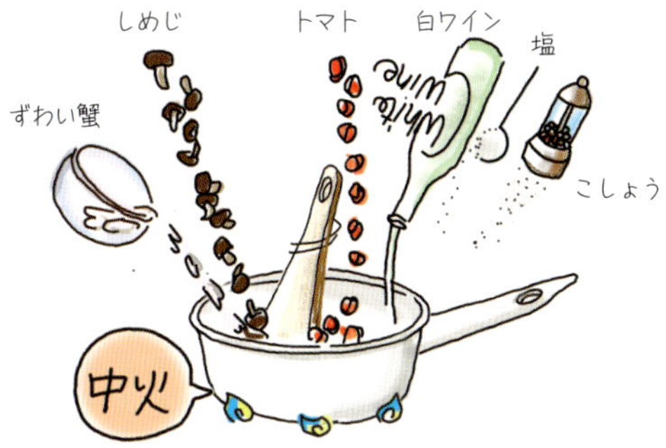

2

ずわい蟹、しめじを加えて炒め、トマトと白ワインを加え、水分を飛ばすようにして炒め、塩、こしょうで調味する。

3

別鍋で生クリームを半量まで煮詰め、濃度をつける。

4

ラザーニアを茹で、茹で上がったらすぐ冷水に取り水分を拭き取る。

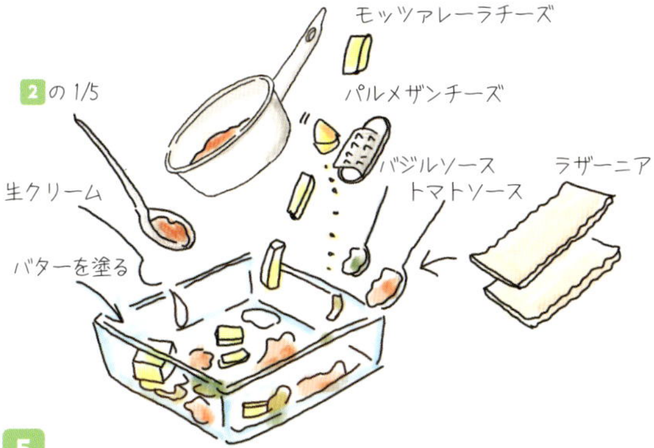

5

耐熱器に2の1/5を敷き、トマトソース、生クリーム、バジルソースを所々に置き、モッツァレーラチーズ、パルメザンチーズを散らし、ラザーニアをのせる、それを繰り返す。

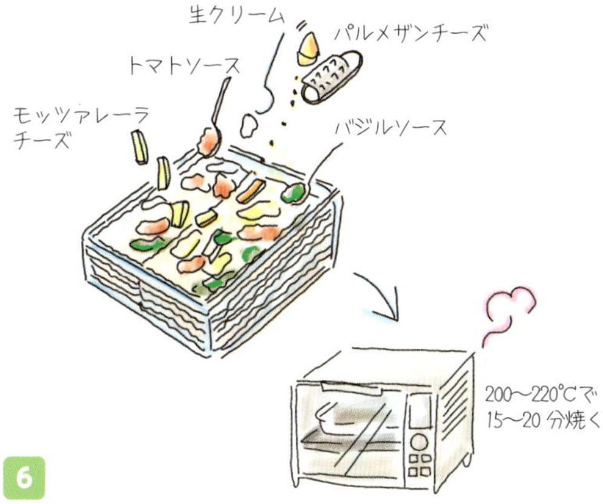

6

表面の段はトマトソース、生クリームをかけ、バジルソースを所々に置き、モッツァレーラチーズ、パルメザンチーズを散らし、オーブンで焼く。

MEMO

＊このレシピ少々値も張るし手間もかかりますが、スペシャルなときに是非。食卓の皆は豊潤な味わいに感激すること間違いなしです。

蟹グラタン

蟹グラタンには、なぜかホッとする味わいが！

材料【4人分】

蟹……………………1缶(骨を取り除く)
鶏のささみ…………2枚
玉ねぎ………………中1個(スライス)
しめじ………………1パック
ほうれん草…………1/2束
じゃがいも…………2個(茹でて、皮をむき、1cm厚さに切る)
マカロニ……………150g(熱湯に一握りの塩を入れ、アルデンテに茹でる)
ホワイトソース……4cup(5ページ参照)
白ワイン……………50cc
パン粉、グリュエールチーズ、パルメザンチーズ
オリーブオイル、バター、カイエンヌペッパー

作り方

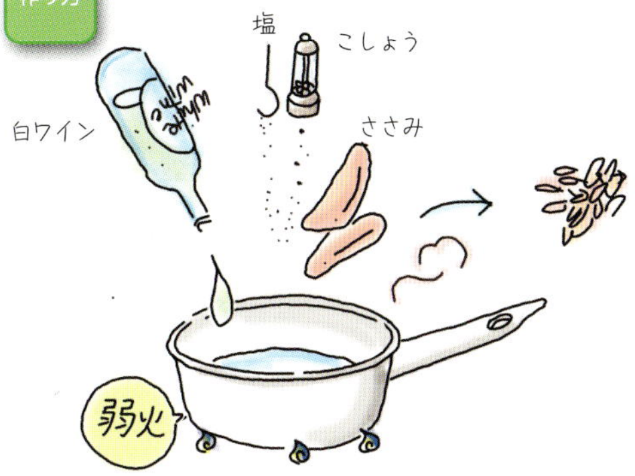

1

軽く塩、こしょうをしたささみとワインを入れ、
ささみに火を通し、細めにさく。

2

サッと茹でたほうれん草は、バター少々で軽く炒め、
塩、こしょうをする。

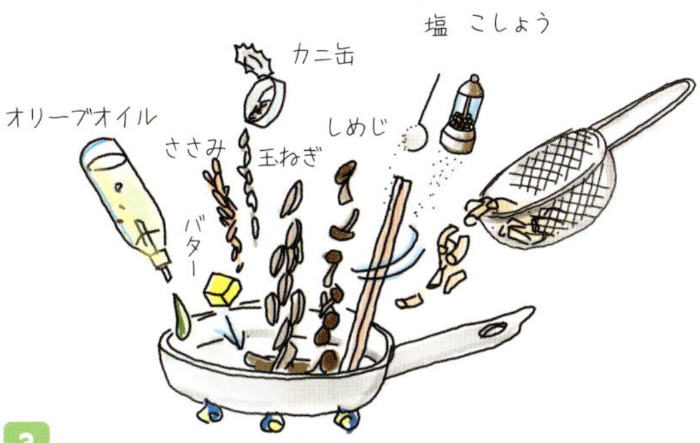

3

オリーブオイルとバター各大さじ1で玉ねぎ、
しめじを炒め、蟹、マカロニ、1のささみを加えて
軽く炒め、塩、こしょうをする。

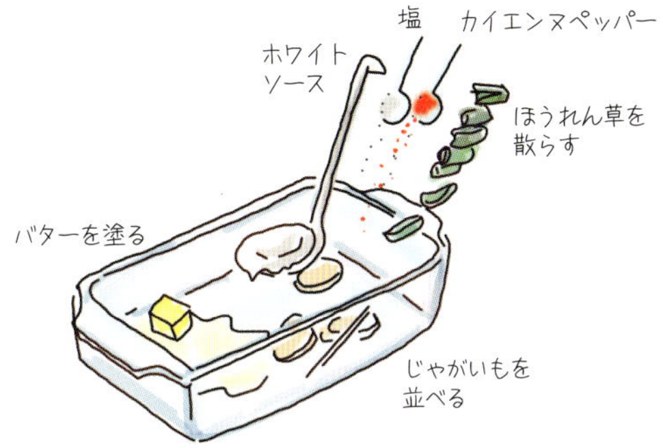

4

バターを塗った耐熱皿に薄くホワイトソースを敷き、
じゃがいも並べ、少々の塩とカイエンヌペッパーを
パラパラとかけ、ほうれん草を散らす。

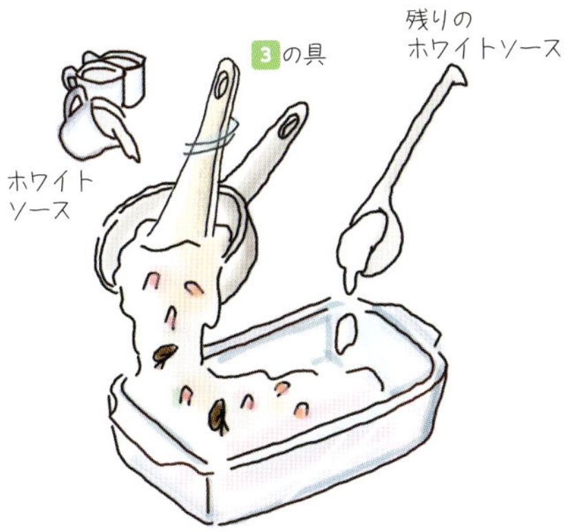

5

ホワイトソース（1/3を残す）と3の具を混ぜて
耐熱皿に入れ、残りのホワイトソースを上にかける。

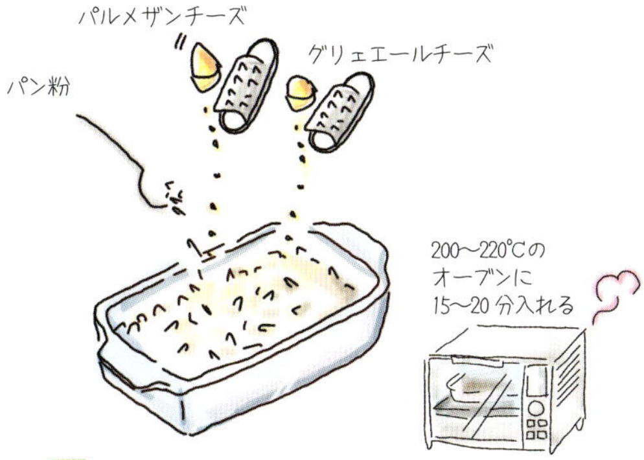

6

パン粉、おろしたグリュエールチーズ、
パルメザンチーズを散らし、オーブンに入れる。

MEMO
＊有機の玉ねぎを使うと、味に深みが増しますよ。

イカのブイヤベース

豚ひき肉でボリュームアップのお手軽ブイヤベース

材料【4人分】

イカ……………………２杯(内臓を取り除き、食べやすい大きさに切る)

豚ひき肉………………300g

長ねぎ…………………1本(みじん切り)

白味噌…………………大さじ1/2

玉ねぎ…………………1個(みじん切り)

にんにく………………1片(みじん切り)

ホールトマト…………400g(手でつぶす)

白ワイン………………1/2cup

チキンブイヨン………2cup(水2cup＋固形スープの素1個)

オリーブオイル、タイム、サフラン、ローリエ

パセリのみじん切り、塩、こしょう

難易度　★★☆
所要時間　40 分

作り方

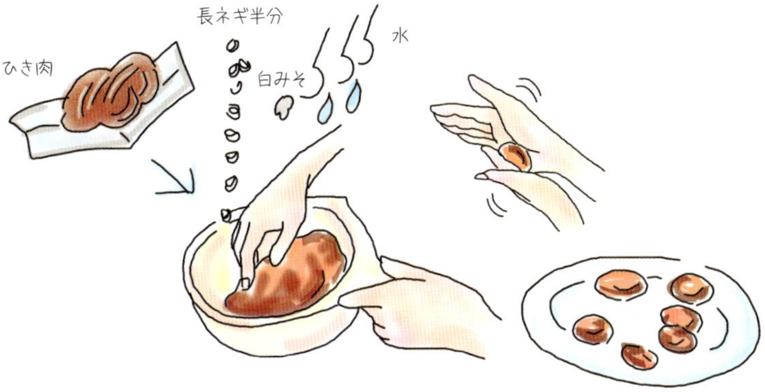

1

ボウルにひき肉、長ねぎの半分、白味噌、水を入れ、
よく混ぜ、肉団子に丸める。

2

多めのオリーブオイルで肉団子の表面に
焼き色をつけ、取り出す。

3

オリーブオイルでにんにくをきつね色に
なるまで炒め、玉ねぎ、残りの長ねぎを入れ、
ねっとりするまで炒める。

4

イカと肉団子を加え、ワインを注ぎ2~3分煮て
アルコール分を飛ばし、ホールトマト、
チキンブイヨンを入れ、ハーブを加えて煮、塩、
こしょうで味を調える。

MEMO
＊サフランの代わりにターメリックで代用してもＯＫ。

大根の煮物・白子のせ

「日本に生まれて幸せ」と感じること請け合いです

材料
【4人分】

大根……………………………1/2本(皮をむき5cm厚さに切る)
米ぬか…………………………ひとつかみ
たらの白子……………………1～2塊
バター…………………………大さじ1
小麦粉
大根の下味……だし汁、しょう油、塩、コンブ
タレ
　鶏ガラスープ…………150cc
　酒…………………………大さじ1
　塩…………………………小さじ1/2
　オイスターソース……大さじ1
　ショウガの絞り汁……少々
　水溶き片栗粉
柚の皮の千切り……………少々

作り方

1

大根を並べ、ひたひたになるように水を入れ、
ひとつかみのぬかを入れて火にかけ、
大根が柔らかくなるまで煮る。

2

竹串を刺してスッと通ったら火を止め、
流水でぬかを落とす。

3

大根に下味をつける。
鍋にコンブを敷き、大根を並べ、下味のだし汁を
ひたひたに入れ、しょう油、塩を入れて、
約20分コトコトと煮る。

4

タレを作る。
鍋に鶏ガラスープ、酒、塩、オイスターソースを入れ
煮立たせる。煮立ったら水溶き片栗粉でとろみを
つけ、最後にしょうがの絞り汁を入れて火を止める。

5

白子を食べやすい大きさに切り、塩、こしょうをし、
小麦粉をまぶし、バターでこんがり焼く。

6

熱々の大根を器に盛り、5の白子をのせ、熱々の
タレをかけ、ゆずの皮を少々のせて食卓へ。

MEMO

＊大根の旬は晩秋から冬。旨味もジューシーさもたっぷり。
ねっとりしたタラの白子もこの時期のものです。
このレシピには是非有機の大根を。ほっこりとした優しい
歯ごたえがたまらないのですが、有機の野菜はすぐ煮える
ので、煮過ぎないように。
＊ぬかがなかったら米のとぎ汁でも OK。

海老のドリア

お客様にも食べていただきたい！

材料【4人分】

海老……………………………10尾(殻をはずし、背ワタを取り除き、食べやすい大きさに切る)
ベーコン………………………3枚(2～3mmに切る)
チョリソ………………………20g(5mm角に切る)
玉ねぎ…………………………1/2個(みじん切り)
にんにく………………………1片(みじん切り)
ピーマン………………………1個(みじん切り)
マッシュルーム……………10個(スライス)
ご飯……………………………3杯分(温めておく)
ホワイトソース……………1cup(5ページ参照)
トマトソース………………2/3cup(4ページ参照)
生クリーム…………………100cc
モッツァレーラチーズ……100g
パルメザンチーズ…………大さじ2

難易度　★★☆
所要時間　50分

作り方

1
オリーブオイルでにんにく、ベーコンを炒める。

2
そこに玉ねぎ、ピーマン、マッシュルーム、チョリソ、エビを加え炒め、ご飯を加える。

3
生クリーム100ccを加え、さっと炒め、塩、こしょうで調味する。

4
耐熱器にバターを塗り、3を入れ、表面にホワイトソースとトマトソースをおき、モッツァレーラチーズ、パルメザンチーズをかけてオーブンで焼く。

MEMO
＊グラタンを作る時、ホワイトソースを多めに作って冷凍しておくと、こんな時便利ですよ。

シーフードのハーブ焼き

香草パン粉のカリカリ感が、いっそう美味しさを引き立てます

材料
【4人分】

イカ……………………………………1杯(内臓を取り除き、皮をはぐ)
海老……………………………………8尾(背ワタを取り除く)
ホタテ…………………………………8個(食べやすい大きさに切る
トマトソース…………………………1cup(4ページ参照)
香草パン粉
　ドライパン粉…………………大さじ3
　パセリのみじん切り…………大さじ3
　タイムのみじん切り…………小さじ1
　にんにくのみじん切り………小さじ1
　オリーブオイル………………大さじ1
　パルメザンチーズ……………大さじ1
　塩、こしょう
白ワイン………………………………50cc

作り方

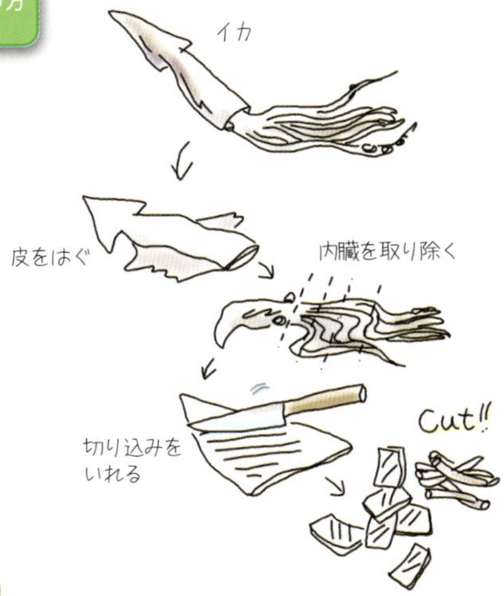

1

イカは食べやすいように、細かい切り込みを入れ、食べやすい大きさに切る。

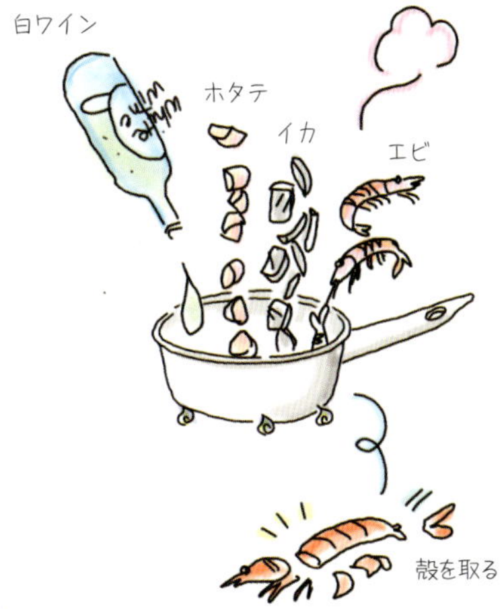

2

イカ、エビ、ホタテを白ワインでサッと火を通し、色が変わったら取り出し、エビの殻は取る。
（中まで火が通っていなくてよい）

3

ボウルに材料を入れ、ハーブ入りパン粉を作る。

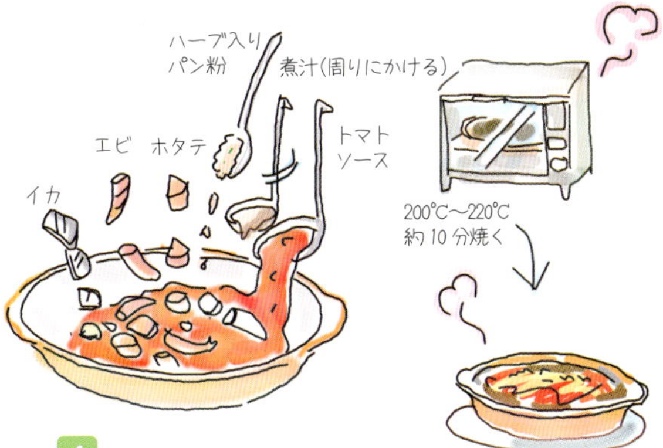

4

耐熱皿に、トマトソースを敷き、2をおき、周りに煮汁をかけ、ハーブ入りパン粉をかけ、オーブンで焼く。

牡蠣とホタテとかぶのグラタン

寒くなると牡蠣の熱々グラタンが食べたい！

材料【4人分】

ホタテ……………………………5個(4つに切る)
牡蠣………………………………250g(さっと洗う)
かぶ………………………………5個(縦半分にし、くし形に切る)
太ねぎ……………………………1本(1cmに切る)
モッツァレーラチーズ……50g(短冊切り)
パルメザンチーズ…………大さじ2
トマトソース………………大さじ3(4ページ参照)
ブイヨン…………………………1cup(水1cupと固形スープの素1個)
白ワイン…………………………大さじ3
生クリーム……………………100cc
白味噌……………………………小さじ1
バター、小麦粉、オリーブオイル

作り方

1
ホタテとカキはしっかり水気を取り、軽く塩、こしょうし、小麦粉をつける。

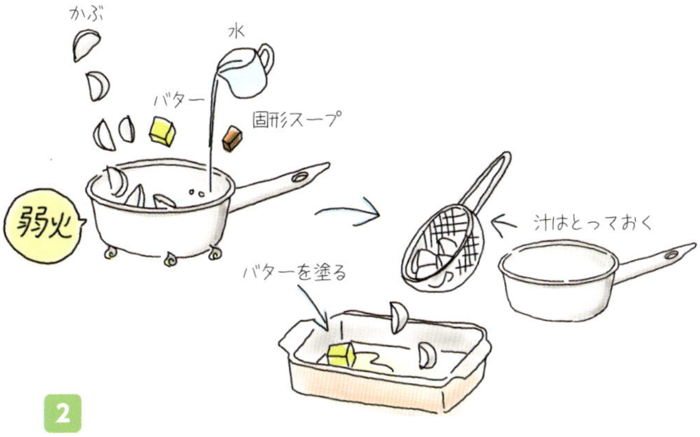

2
厚手の鍋にかぶ、バター、ブイヨンを入れ、弱火でかぶが柔らかくなるまで煮、バターを塗ったグラタン皿に入れる。残った汁はとっておく。

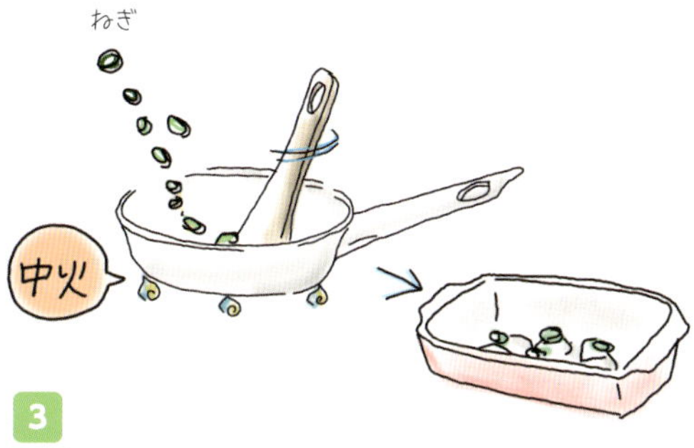

3
ねぎはバターでさっと炒め、グラタン皿に入れる。

4
フライパンにオリーブオイルを入れ、1のホタテとカキをサッと表面だけを炒め、白ワインを加えて、アルコールを飛ばし、グラタン皿に入れる。

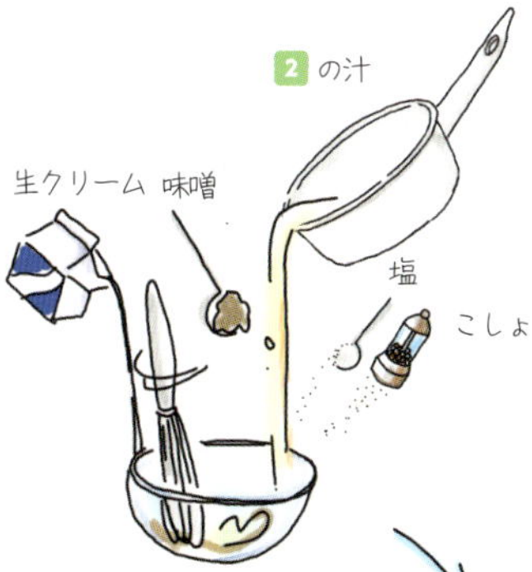

5
ボウルに生クリーム、味噌、2の汁を入れ、塩とこしょうで調味し、グラタン皿にかける。

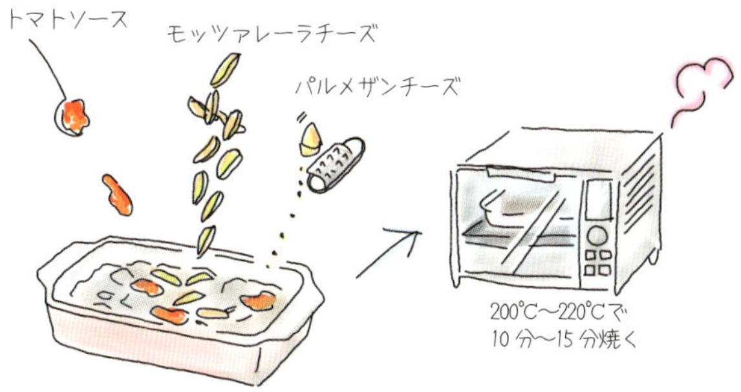

6
トマトソースをところどころにかけ、チーズ類を散らし、オーブンで10～15分焼く。

MEMO
＊かぶの皮は厚めにむくこと。残った皮は味噌汁や漬物に使いましょう。
＊白味噌を入れるとコクが出ます。

イカ墨のスパゲッティ

レストランでしか食べられないと思っていませんか？

材料
【2人分】

イカ……………………………………………………1杯(200g前後)
イカ墨のペースト……………………………………1袋(4g)
にんにく………………………………………………1片(みじん切り)
赤唐辛子………………………………………………1個(種を取り出す)
アンチョビ……………………………………………1～2枚
白ワイン………………………………………………50cc
トマトソース…………………………………………大さじ1(4ページ参照)
パセリのみじん切り…………………………………大さじ1
パスタ(スパゲッティーニ太さ1.6mm)……160g
オリーブオイル、EXVオリーブオイル

難易度 ★★☆
所要時間 50分

作り方

1
イカをさばいて墨袋を取り出し、墨袋を絞って墨を器にあけ、いか墨のペーストもしぼり出し白ワインを加えて溶き混ぜる。

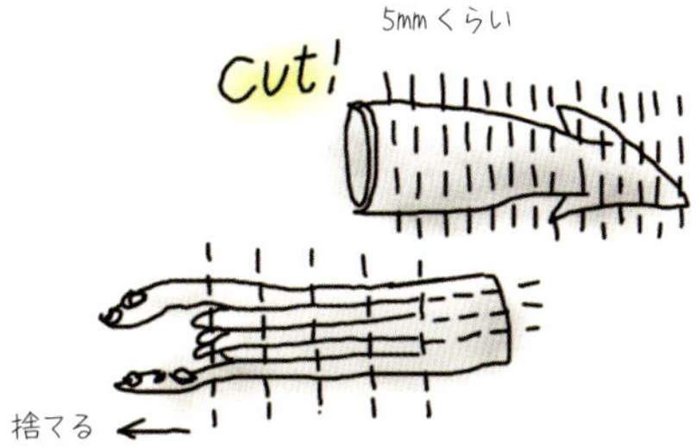

2
イカの胴は食べやすい5mmくらいの厚さに切る。足は食べやすい大きさに切る。

3
オリーブオイルでにんにく、赤唐辛子、アンチョビを炒め、にんにくのいい香りがしはじめたら赤唐辛子を取り出し、イカを炒める。

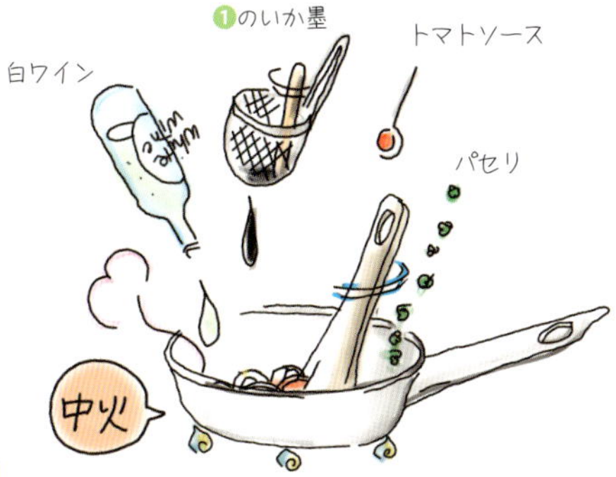

4
イカが白くなりだしたら白ワイン、溶いた墨、トマトソース、パセリのみじん切りを入れ、沸騰させる。

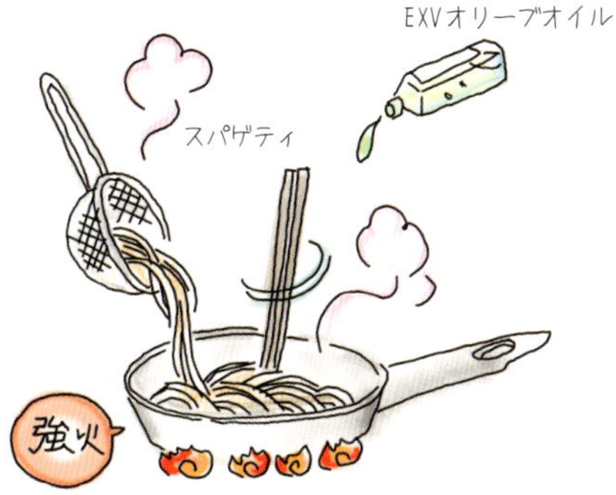

5
アルデンテに茹でたスパゲッティを入る。
強火であおって水分を吸収させると
いか墨につやが出てくる。
EXVオリーブオイルをふりかけ、器に盛る。

MEMO
＊スルメイカの墨はほんの少しなので足りず、イカ墨ペーストを補足します。ヤリイカ、剣先イカの墨は多いが、それでもペーストを足したほうが良いでしょう。
＊イカをさばいたとき、墨だけを取り出し、冷凍して貯蔵しておくと便利です。

サーモンの娼婦風ペンネ

サーモンの旨味がたっぷりのボリュームあるパスタ

材料
【4 人分】

サーモン……………………………250g(大きめのブロックに切る)
黒オリーブ…………………………15 粒(3~4mm 厚さに切る)
ケイパー……………………………大さじ 1
にんにく……………………………1 片(みじん切り)
赤唐辛子……………………………1 個(種を除く)
白ワイン……………………………100cc
ホールトマト………………………800g(手でつぶす)
ディル………………………………少々
EXV オリーブオイル………… 適宜
パセリ………………………………少々
パスタ (ペンネ)…………………200g

作り方

1

サーモンに塩、こしょうをし、小麦粉をまぶす。

2

オリーブオイルでにんにくと赤唐辛子を炒め、
にんにくの香りが出てきたら、
赤唐辛子を取り出す。

3

サーモン加え、こんがりと両面焼き、大ざっぱに
フォークで崩し、白ワインを入れ、2～3分中火で
煮て、アルコール分を飛ばす。

4

ホールトマトを入れ煮立たせ、アクを取ったら
弱火で15分くらい煮る。

5

さらに黒オリーブ、ケイパー、パセリ、ディルを入れ、
2～3分煮、塩、こしょうで調味する。

6

アルデンテに茹でたペンネをからめ、
EXVオリーブオイルをふりかける。

MEMO

＊サーモンは脂ののったものを求めること。
＊イタリア人は料理名をつける名人。黒オリーブ入りのソースの醸し出す雰囲気から娼婦風としたのか、それともこっそり食べたいほど？魅力的なのか、いずれにせよ美味しい一品です。

牡蠣とほうれん草のスパゲッティ

寒い時期のプリプリに太った牡蠣を是非パスタに

材料
【4人分】

牡蠣……………………………300g
ほうれん草……………………1束
にんにく………………………1片(みじん切り)
ベーコン………………………3枚(みじん切り)
赤唐辛子………………………1個(種を取り除く)
あさり…………………………100g
白ワイン………………………50cc
EXVオリーブオイル、オリーブオイル
パスタ(フェデリーニ)…………300g

作り方

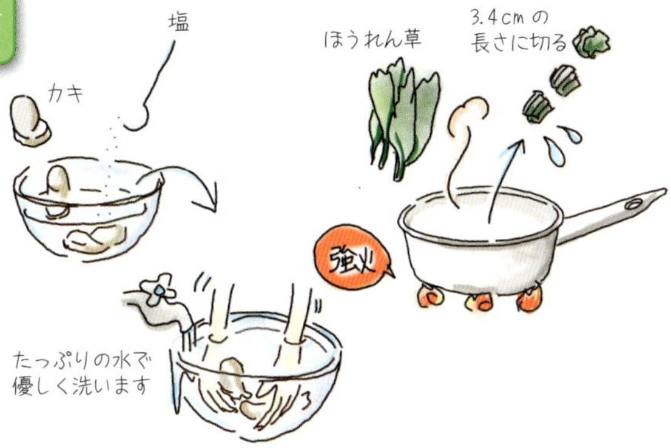

1
カキを洗い、水気を切る。ほうれん草は熱湯で固めに茹でて水に取り、水気を絞って切る。

2
オリーブオイルでにんにく、赤唐辛子、ベーコンを炒める。

3
カキとあさりを加え、サッと炒め、白ワインを入れ、アルコール分を飛ばす。

4
ホウレン草とパスタの茹で汁少々を加え、蓋をしてカキに火を通す。

5
カキを一口大に切り、塩、こしょうで調味し、アルデンテに茹でたパスタとからめ、EXVオリーブオイルをかけてでき上がり。

MEMO
＊カキは切ってから炒めるとうまみが出てしまうので、一度炒め、煮て火を通してから、食べやすい大きさに切ります。

難易度 ★★☆
所要時間 50分

材料【4人分】

- そら豆……………………400g
- パスタ(リングイーネ)…300g
- パルメザンチーズ
- バジルソース(作りやすい量)
  - バジルの葉……………100g
  - オリーブオイル………80cc
  - にんにく………………1片
  - 松の実…………………大さじ1
  - パルメザンチーズ……大さじ1
  - 塩………………………小さじ1

そら豆入りリングイーネのバジルソース

高給レストランでしか味わえない一品を作ってみませんか

作り方

1
まずバジルソースを作る。
松の実をフライパンに入れ、
ゆっくりローストする。
バジルソースの材料を全部ミキサーに入れ、
バジルソースを作る。

2
熱湯に大さじ1の塩を入れ、
空豆を約5分茹で、皮をむいておく。

3
バジルソース大さじ4～5を入れ、
アルデンテに茹でたリングイーネと
そら豆、パルメザンチーズ大さじ2を
入れ、よく合え、味を調える。

MEMO
＊バジルソースで混ぜたらすぐ食卓へ。添加物がいっさい入っていないので、バジルソースのグリーンが茶っぽく変色してきます。
＊空豆の他にいんげん、じゃがいも、グリンピース等も美味。
＊余ったバジルソースは1回分ずつ小分けして、冷凍庫へ。

材料【4人分】

米……………………2合
あさり………………500g
（よく洗う）
茹で竹の子…………150g
（5mm角に切る）
そら豆………………400g
にんにく……………1片
（みじん切り）
玉ねぎ………………大1/2個
（みじん切り）
オリーブオイル……大さじ2
ブイヨン……………5cup
(水5cupと固形スープの素2個)
白ワイン……………100cc
パルメザンチーズ…大さじ2

あさりと竹の子とそら豆のリゾット

春素材のリゾットで身も心もほんわか温かに！

作り方

1
白ワインであさりを開かせ、身を取り出し、汁の中に入れそのまま冷ます。

2
そら豆はさやから取り出し、塩を入れた熱湯で3~4分茹で、実を取り出す。

3
オリーブオイルでにんにくを炒め、玉ねぎを加え、ねっとりするまで炒める。

4
竹の子と米を入れ、1~2分炒め、ブイヨンをかぶるくらい加え、時々かき混ぜながら煮る。

5
水分がなくなったら、2回目のブイヨンを同じように米が浸るまで加える。これを3～4回繰り返す。(あさり汁をお忘れなく)

6
米がかすかに芯が残るようなアルデンテになったら、あさりとそら豆を加え、塩、こしょうで味を調え、火から下ろしてパルメザンチーズを加え、手早く混ぜる。

MEMO
＊リゾットのブイヨンは必ず熱々にして注ぐこと。
＊あさりの汁には塩分が相当含まれているので、塩を入れる時は味を確かめてから調味しましょう。
3～5月のあさりはほとんど塩を足さなくてもよいでしょう。

難易度 ★⯪☆
所要時間　40 分

材料【4 人分】

ごぼう………………1/3 本(ささがき)
地鶏胸肉……………1 枚
　(食べやすい大きさに切る)
玉ねぎ………………1/2 個
　(みじん切り)
にんにく……………1 片
　(みじん切り)
銀杏…………………20 粒
　(殻から取り出し、薄皮を取る)
米……………………2 合
ブイヨン……………5cup
　(水 5cup と固形スープの素 2 個)
白ワイン……………100cc
パルメザンチーズ…大さじ 1
トマトソース………1/2cup
　(4 ページ参照)
細ねぎの小口切り…少々
オリーブオイル

ごぼうのリゾット

ごぼうを使った安らぎ味の和風リゾット

作り方

1
オリーブオイルでにんにくを
きつね色になるまで炒める。

2
玉ねぎとごぼうを炒め、
さらに鶏肉、米を加え炒める。

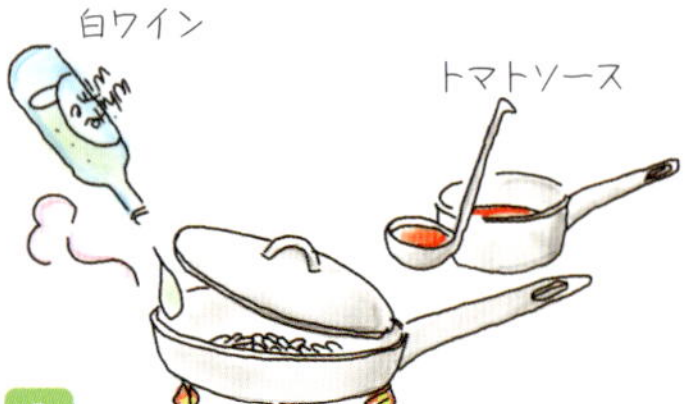

3
白ワインを加え蓋をして
アルコール分を飛ばし、
トマトソースを加える。

4
熱いブイヨンを米がかぶるくらいまで注ぎ、
時々かき混ぜ、水分がなくなったらブイヨンを足す。
これを繰り返して約18分くらい炊く。
最後のブイヨンを注いだ時、銀杏を入れる。

5
塩、こしょうで調味し、火を止め、
パルメザンチーズを混ぜて手早くか
き混ぜ、器に盛り、細ねぎをのせて
でき上がり。

MEMO
＊リゾットのスープは熱々を。
＊ごぼうは切ったら香りを逃がさ
　ないようさっと洗うだけにする。

難易度　★★☆
所要時間　40 分

材料【4 人分】

地鶏胸肉………………1枚
　　　　（皮をはぎ、5mm角くらいに切る）
にんじん………………1/2本（5mm角に切る）
セロリ…………………1/2本（1cm角に切る）
かぶ……………………2個（1cm角に切る）
じゃがいも
（メークウィーン）…1個（1cm角に切る）
マッシュルーム………８個（5mm厚さに切る）
玉ねぎ…………………1/2個（1cm角に切る）
ピーマン………………1個（1cm角に切る）
にんにく………………1片（みじん切り）
ベーコン………………3枚（細切り）
パスタ
（スパゲティーニ）…20本（5cm長さに折る）
チキンブイヨン………4～5cup
　　　　（水４～5cup＋固形スープの素2個）
しょう油………………大さじ１

チキンヌードルスープ

ほっと優しい気持ちにしてくれるスープです

作り方

1
オリーブオイルでにんにく、ベーコンを炒める。

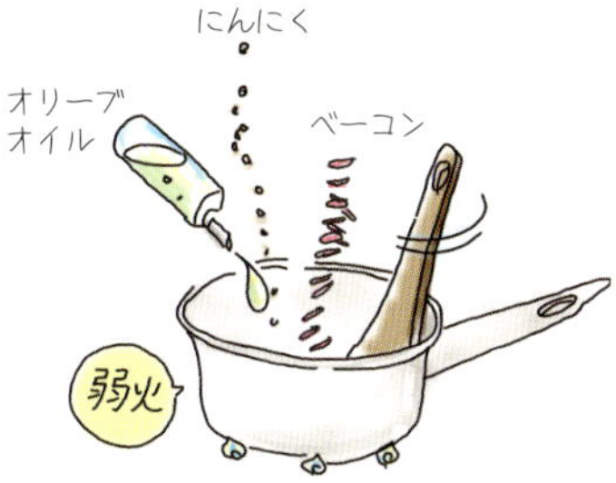

2
胸肉を入れ、胸肉に火が通ったら、ピーマン以外の野菜を全部入れ、炒める。

3
ブイヨンとしょう油を加え、約10分煮る。

4
ピーマン、パスタを加え、
さらに7分煮、塩、こしょうで調味する。

MEMO
＊固形スープの素でもＯＫですが、鶏ガラから取ったスープはコラーゲンが具に入り込み、優しい味にしてくれます。一度お試しを。

難易度　★⯪☆
所要時間　40分

材料【4人分】

- 里芋…………………300g（よく洗う）
- ねぎ…………………1本（小口切り）
- にんにく……………1片（みじん切り）
- ブイヨン……………4cup
  （水4cup＋固形スープの素2個）
- 生クリーム…………100cc
- 白味噌………………小さじ1
  （少量のスープで溶かす）
- プティトマトのみじん切り………少々

里芋のスープ

里芋のねっとり感がオツなもの

作り方

1
里芋は皮をむき、熱湯に1～2分煮て、水で洗い、ヌメリを取る。

2
オリーブオイルでにんにく、ねぎを炒める。

3
里芋を加え、サッと炒め、ブイヨンを入れ、里芋が柔らかくなるまで煮る。

4
3をフードプロセッサーかミキサーにかける。

5
4と白味噌を加え、煮立ったら火を止め、生クリームを加え、塩、こしょうで味を調え、器に盛り、プティトマトを散らす。

MEMO
＊最近は年中里芋が店頭で見かけられるようになりましたが、ほくほく、ねっとりの味の里芋の旬は冬。里芋だけでなくねぎ、大根、にんじん、ごぼうなどの地下の野菜は冬が一番美味しいですね。

材料
【4人分】

あさり……………………400g
にんにく…………………1片（みじん切り）
ベーコン…………………3枚（千切り）
じゃがいも………………2個（1cm角に切る）
にんじん…………………1本（1cm角に切る）
玉ねぎ……………………1個（1cm角に切る）
セロリ……………………1本（1cm角に切る）
マッシュルーム…………5個（2～3mm厚さに切る）
牛乳………………………2cup
生クリーム………………100cc
白ワイン…………………1/2cup
小麦粉……………………大さじ1.5
固形スープの素…………2個
オリーブオイル

クラムチャウダー

身がしっかり詰まった春のあさりで

作り方

1
白ワイン1/2カップであさりを蒸し煮し、口が開いたら火を止め、殻から身を取り出し、汁に漬けておく。

2
オリーブオイルでにんにくとベーコンを炒める。

3
野菜類を加え、油がまわったら小麦粉を入れ、さらに炒める。

4
牛乳とひたひたになるよう水、固形スープの素を入れ、煮立ったらアクを取り、野菜が柔らかくなるまで煮る。

5
あさりを汁ごと入れ、生クリームを加え、煮立ったら、塩、こしょうで味を調える。

MEMO
＊あさりは殻から身を取り出しそのまま汁につけておくと、ふっくらと保てます。

難易度 ★★☆（★1.5）
所要時間　30分

Soup

材料【4人分】

米……………………………1cup
グリンピース…………200g
（さやから出しておく）
玉ねぎ……………………1/2個(みじん切り)
にんにく…………………1/2片(みじん切り)
鶏ガラスープ…………5cup
ベーコン…………………3枚(みじん切り)
バター……………………大さじ1
パルメザンチーズ……20g
トマトソース…………少量(4ページ参照)
パセリのみじん切り…大さじ1
オリーブオイル………大さじ1

グリンピースと米のスープ

彩りのきれいな米入りスープ

作り方

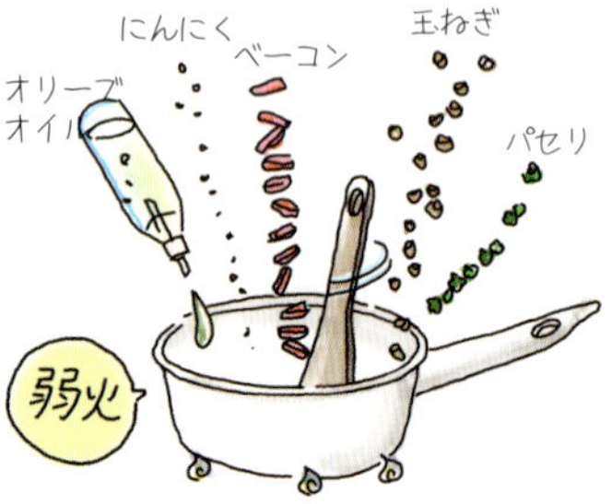

1
オリーブオイルでにんにく、ベーコンを炒め、
玉ねぎ、パセリを加え、
玉ねぎがねっとりするまで炒める。

2
グリンピースと米を加えて
さらに炒め、スープを入れ
て時々かき混ぜながら煮る。

3
火を止める前に塩、こしょう
で調味し、パルメザンチーズ
を加えサッと混ぜる。

4
スープを皿に盛り、トマトソースを
所々に落とし彩を添える。

MEMO
＊和歌山県特産のうすいえんどうで作ると、美味しさが倍増です。
＊鶏ガラスープで作りたいレシピですが、チキンブイヨンで代用してもOK。

材料【4人分】

ごぼう……………………1本
じゃがいも……………大1個
（1cm角に切る）
にんにく………………1/2片
（みじん切り）
玉ねぎ…………………1/2個
（みじん切り）
スナップエンドウ……10個
（熱湯でサッと煮る）
ブイヨン………………4cup
（水4cup＋固形スープの素2個）
生クリーム……………100cc

ごぼうのスープ

買い置きのごぼうがおしゃれに変身！

作り方

1
ごぼうはタワシでよく洗い、ササガキにして水で洗い、ザルにあけて水を切る。

2
厚手の鍋にオリーブオイル、にんにく、玉ねぎを入れ、炒める。

3
ごぼうとじゃがいもを加え、サッと炒めたら、ブイヨンを入れ、柔らかくなるまで煮る。

4
フードプロセッサーかミキサーにかける。

5
4を鍋に戻し、生クリームと細く切ったスナップエンドウを加え、サッと煮て塩、こしょうで調味する。

MEMO
＊ごぼうは風味も大事、ササガキにしたごぼうを一度洗えばOK。
＊スナップエンドウの他にアスパラガス、サヤエンドウ、菜の花でも美味。

シーザーズサラダ

濃厚なドレッシングでレタスが驚くほど美味

材料【4人分】

レタス……………………………1個
卵…………………………………1個
食パン(1斤12枚切り)………1枚(耳を取り、厚さに合わせてさいの目に切る)
バター……………………………大さじ1
チリソース………………………小さじ1～2
砂糖………………………………小さじ1
パルメザンチーズ………………大さじ2
アンチョビ………………………4枚(みじん切り)
サラダ油…………………………50cc
にんにくのみじん切り…………少々
レモン汁…………………………1/2個分
玉ねぎのすり下ろし……………大さじ1
A（タバスコ、ナツメグ、ウスターソース、チリソース、各少々)

作り方

1
レタスは一口大にちぎって、冷やしておく。

2
鍋に底から10cmくらいの水を入れ、沸騰したら酢と
塩を少々加え、表面が踊らない火加減にして、
卵を静かに割り入れる。広がった卵白は、
フォークで卵黄のほうに寄せる。
2~3分たって卵白が固まってきたらすくい上げ、
水気を切り、ポーチド・エッグを作る。

3
バターとサラダ油でパンがきつね色のカリカリになる
まで炒め、クルトンを作る。

4
サラダボウルにポーチド・エッグ、アンチョビ、
砂糖を入れ、全体を充分すりつぶし、レモン汁、
にんにく、玉ねぎのすり下ろしを入れ、少しずつ
サラダ油を加え、Aと塩、こしょうで味を調え
ドレッシングを作る。

5
ドレッシングの中にレタスを入れ、ざっくりと
混ぜ合わせ、クルトンとパルメザンチーズを
ふって食卓へ。

MEMO
＊ポーチド・エッグは黄身がしっかり
した卵で作ると、うまくできますよ。

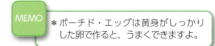

揚げナスとトマトのガーリックオイルあえ

揚げナスがこんなにさっぱりといただけるなんて！

材料【4人分】

ナス……………………………4個(食べやすい大きさに切る)
トマト…………………………小3個(湯むきして、食べやすい大きさに切る)
A バルサミコ酢……………大さじ1
　レモン汁…………………大さじ1
　EXVオリーブオイル……大さじ2
　にんにく…………………1/2片(スライス)
　バジルの葉………………4枚(千切り)
B 玉ねぎ……………………1/4個（みじん切り）
　バジルの葉………………4枚(千切り)
　EXVオリーブオイル……大さじ1
　黒酢、レモン汁…………各小さじ1
揚げ油

難易度　★★☆
所要時間　40 分

作り方

1

ナスを5分くらい水にさらして、水分をしっかりふき取り、油でカリッと素揚げする。

2

ボウルに揚げたナスとAを入れ、塩、こしょうで調味し自然に冷ます。

3

別のボウルにトマトとBを入れ、塩、こしょうで調味する。

4

2と3を混ぜ合わせ、よく冷やして食卓へ。

MEMO

＊トマトは湯むき（へたを取り、熱湯に数秒入れ、冷水に入れ、皮をむく）したほうが、ツルンとのど越しがいいのですが、夏の新鮮なトマトはそのままでOK。

難易度　★☆☆
所要時間　20 分

Appetizer

材料
【4 人分】

大根……………………………300g(千切り)
キュウリ………………………1本(千切り)
みょうが………………………1個(千切り)
ベーコン………………………3枚(細切りにし、
　　　　　　　　　　カリッとなるまで炒める)
柚子の皮の千切り…………少々
柚子ドレッシング(作りやすい量)
　柚子の絞り汁……………50cc
　しょう油…………………大さじ1
　おろしにんにく…………少々
　柚子こしょう……………小さじ1/2
　サラダ油…………………50cc

大根の柚子ドレッシングサラダ

高貴な香りの柚子ドレッシングを是非！

作り方

1
大根の千切りに塩小さじ１を
まぶし、約10分おく。

2
柚子ドレッシングを作る。

3
サラダボウルに軽く
絞った大根、キュウリ、
みょうがを入れ、
サッとかき混ぜ、
柚子ドレッシングと合え、
柚子の皮とベーコンを
散らして食卓へ。

MEMO
＊最近高知のみょうがが１年中店頭に並ぶようになりました。みょうがを入れるとよりシャキシャキ感が加わますが、なしでもＯＫ。
＊柚子ドレッシングは柚子の香りを引き立たせたいので、おろしにんにくはごく少量に。

難易度　★☆☆
所要時間　30分

材料
【4人分】

切り干し大根………………50g(水にさらす)
にんじん……………………1/3本(千切り)
みょうが……………………1個(みじん切り)
グリーンオリーブ…………10粒(粗みじん切り)
トマト………………………適宜(輪切り)
粒マスタード………………小さじ1
ドレッシング(作りやすい量)
　白ワインビネガー……50cc
　サラダオイル…………100cc
　洋からし………………小さじ1
　玉ねぎのすりおろし…大さじ1
　塩、こしょう

切り干し大根のサラダ

ビタミンDたっぷりのサラダになりました

作り方

1
にんじんを小さじ1/2の塩をまぶし、約10分おく。

2
切り干し大根を洗い、軽く絞る。

3
ドレッシングを作る。

4
ボウルに切り干し大根、にんじん、みょうが、グリーンオリーブ、粒マスタードを入れ、ドレッシングと合える。

5
皿の端にトマトをしき、4を中央にのせてでき上がり。

MEMO
＊オーガニックの大根で作った切り干しのシコシコ感は格別です。初めて食べる人は何のサラダかわからないでしょうね。もちろん市販の切り干し大根でもOK。
＊オーガニック切り干し大根の作り方
太めに千切りした大根を大き目のザルに散らし、3～4日天日干しする。
(天気予報を見てから取り掛かること)

難易度　★☆☆
所要時間　30 分

Appetizer

材料【4 人分】

大根の真ん中部分…約 15～20cm
（2mm 幅の短冊に切る）
菜の花………………1／2 束
ベーコン……………3 枚（2 ～ 3 mm幅に切る）
にんにく……………1 片（みじん切り）
松の実………………大さじ 1（粗く切る）
新玉ねぎドレッシング（作りやすい量）
新玉ねぎのすり下ろし……大さじ 3
新玉ねぎのみじん切り……大さじ 2
にんにくのすり下ろし……少々
レモン汁と酢………………80cc
サラダ油……………………160cc
砂糖…………………………小さじ 2
塩、こしょう

大根と菜の花の新玉ねぎドレッシングサラダ

新玉ねぎが出回る春に作りたい

作り方

1
大根を小さじ 2 の塩をして、30分おく。

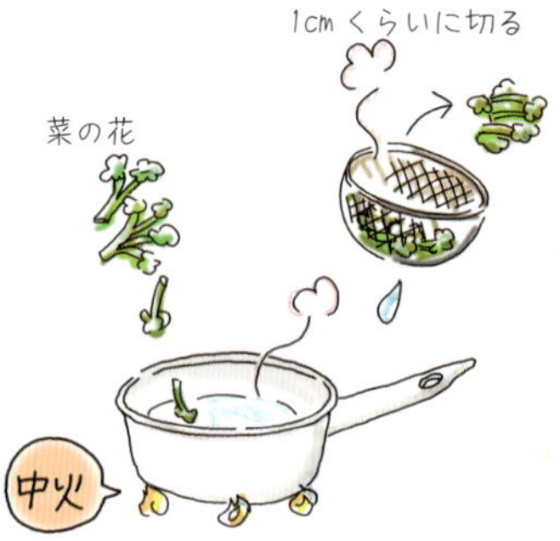

2
菜の花はサッとゆがいて、切る。

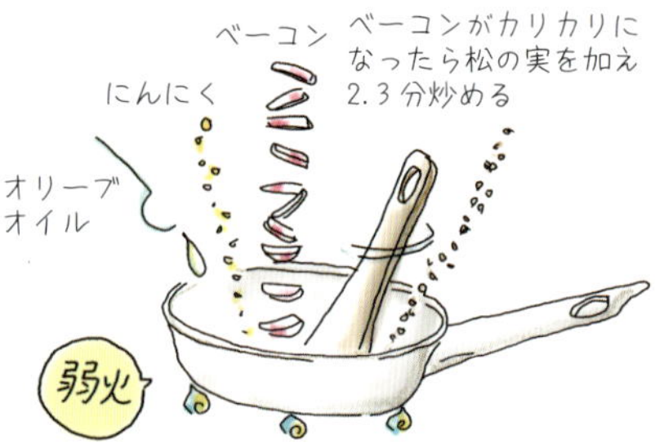

3
オリーブオイルでにんにく、ベーコンを炒め、さらに松の実を加える。

4
新玉ねぎドレッシングを作る。

5
大根の水分を布巾等で取り、器に盛り、菜の花を散らし、3を全体にかけ、玉ねぎドレッシングを添えて食卓へ。

MEMO
＊大根に塩をする際、自然塩を使うと優しい味になります。
＊大根は部分によって美味しさが違います。頭の方は大根おろしに、しっぽの方は煮物に、真ん中はサラダに。

材料
【4 人分】

赤・黄ピーマン…………2 個ずつ
にんにく…………………1 片（つぶす）
ケイパー…………………小さじ 1
アンチョビ………………2 ～ 3 枚
トマトソース……………1cup（4 ページ参照）
（4 ページ参照）
オリーブオイル

赤・黄ピーマンのトマトソース煮

ピーマンの色とりどりが食卓に映えて

作り方

1
ピーマンは縦半分に切ってへたと種を取り、
一口大に切って水気をよくふき取り、
油でサッと揚げる。

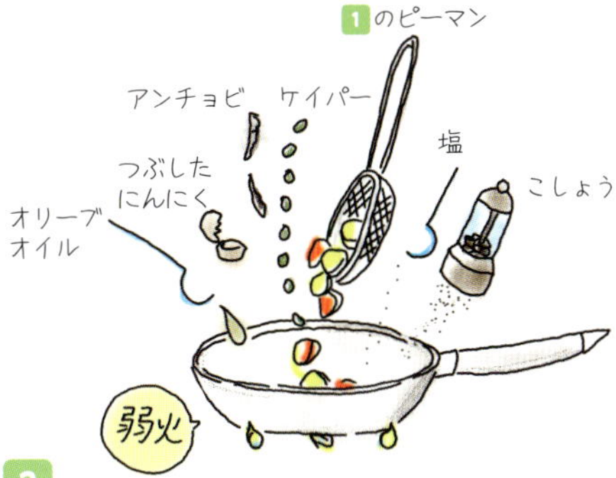

2
オリーブオイルでにんにくを炒め、香りが出てきたら
ケイパー、アンチョビ、1のピーマンを入れて炒め、
塩、こしょうで下味をつける。

3
トマトソースを加え、全体によくなじませる。

MEMO
＊ジャンボピーマンは日本でも盛んに生産されるようになりました。日本製は、身がしまって、優しい味に仕上がります。

難易度 ★⯪☆
所要時間 50分

材料
【4人分】

米……………………………1合
オリーブオイル…………大さじ1
玉ねぎのみじん切り……大さじ2
セロリのみじん切り……大さじ2
サフラン…………………少々
塩 小さじ1/3、湯1cup強、ローリエ
刺身用イカ………………1杯
海老………………………10尾(塩ゆでする)
キュウリ…………………1本(1cm角切り)
セロリ……………………1/2本(1cm角切り)
玉ねぎ……………………小1/3個
(5mm角切りにし、水にさらす)
トマト……………………1個(1cm角切り)
ドレッシング
レモン汁…大さじ2、サラダ油…大さじ5
塩…小さじ2/3、バルサミコ酢、タバスコ各少々
ケイパー…小さじ1(粗みじんに切る)

お米のサラダ

ボリュームがあるさっぱりサラダ

作り方

1
米は炊く30分前に洗ってザルに取り、水気を切っておく。

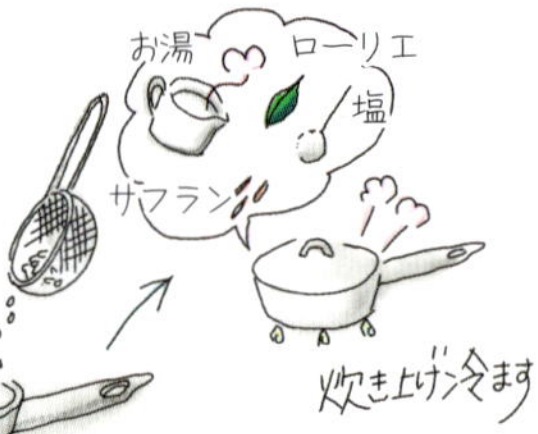

2
オリーブオイルで玉ねぎ、セロリを炒め、1の米を加えてさらに炒め、お湯とサフラン、塩、ローリエを加え炊き上げ、冷ましておく。

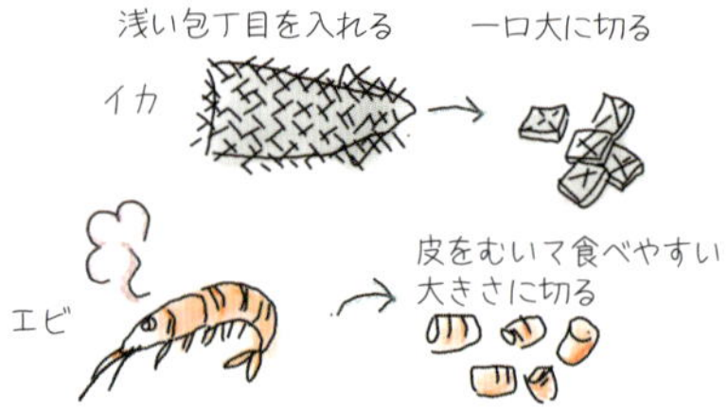

3
いかとエビを食べやすい大きさに切る。

4
ドレッシングを作る。

5
2のサフランライス、野菜類、イカ、エビを入れドレッシングでざっくり合える。

MEMO
＊厚鍋でご飯を炊くと、炊飯器より早く炊けます。まず強火で沸騰したら、弱火にして水分がなくなるまで約15～20分煮る。

難易度　★☆☆
所要時間　30分

材料
【4人分】

じゃがいも……………………400g(3cm角に切り、茹でる)
スモークサーモン………100g(1cm幅に切る)
玉ねぎ……………………………中1個(半分に切り、さらに半分に切り、スライスして水にさらす)
ヨーグルト……………………200g
マヨネーズ……………………大さじ1
にんにくのみじん切り…少々
細ねぎの小口切り、パセリのみじん切り、
みょうがのみじん切り　各適宜
砂糖………………………………小さじ1

スモークサーモンとじゃがいものサラダ

白とピンクの彩りもおしゃれな大人のサラダ

作り方

1
ボウルにヨーグルトとマヨネーズを入れ、にんにく、細ねぎ、パセリ、みょうがのみじん切り、砂糖を入れ軽く混ぜる。

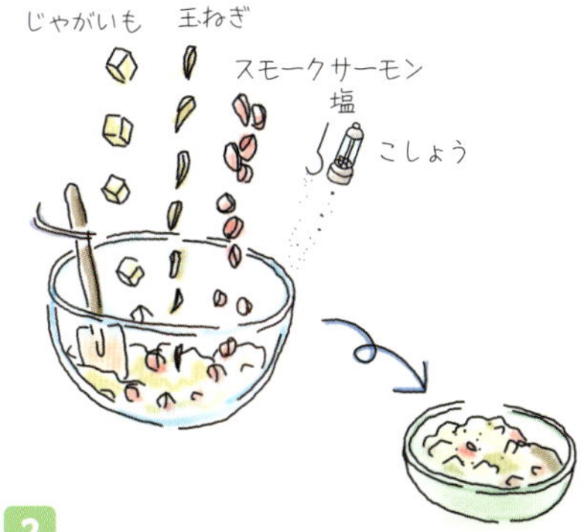

2
じゃがいも、水気を切った玉ねぎ、スモークサーモンを加え、軽く混ぜ、塩、こしょうで味を調える。

MEMO
＊黒こしょうを食卓でたっぷり挽くと、よりいっそう大人の味になります。

難易度　★☆☆
所要時間　30分

Appetizer

材料【4人分】

山芋……………………………1/3本(皮をむき、1.5cm角にきる)
かぶ……………………………4個(厚めに皮をむき、食べやすい大きさに切る)
イクラのしょう油漬け………大さじ2
ドレッシング
　サラダ油……………………大さじ4
　りんご酢……………………大さじ2
　にんにくのすり下ろし……少々
　粒マスタード………………小さじ1
　粗く切ったケイパー………大さじ1
　塩、こしょう

山芋とかぶとイクラのサラダ

洋風おつまみサラダはいかが？

作り方

1
ドレッシングを作る。

2
器に山芋、かぶを盛り、ドレッシングをかけ、イクラを散らす。

MEMO
＊山芋やかぶが美味しい晩秋に是非お試しください。イクラのしょう油漬けの濃い旨味が、淡白な山芋とかぶにマッチして、素敵なサラダになります。

難易度　★★☆
所要時間　約半日

材料
【4人分】

鯖(刺身 or 酢サバ用)……半身
にんにく……………………1片(叩きつぶす)
バジルの葉…………………10枚(千切り)
自然塩………………………大さじ2
ローズペッパー……………少々
酢、オリーブオイル、EXVオリーブオイル

鯖のマリネ

新鮮な鯖が手に入ったら作りたい

作り方

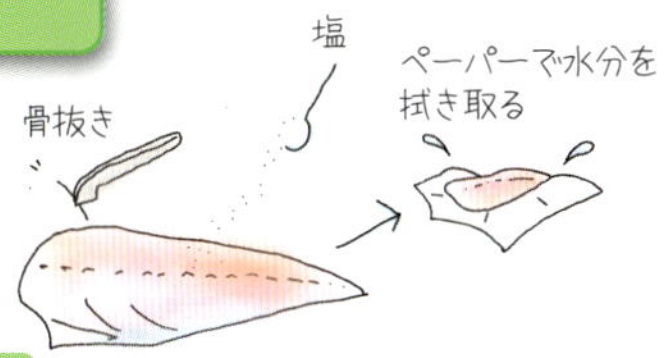

1
3枚におろした鯖の中骨を骨抜きで抜き、塩を薄くまぶしつけて2時間ぐらいおき、さっと洗う。

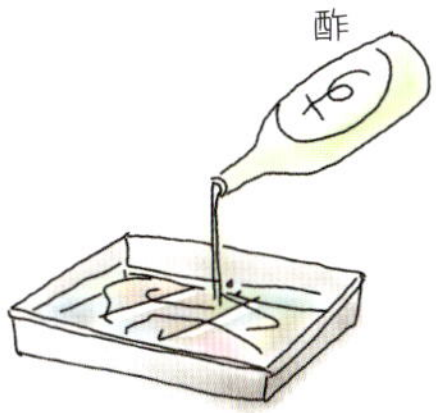

2
バットに入れ、酢をヒタヒタに注いで2時間くらいおく。

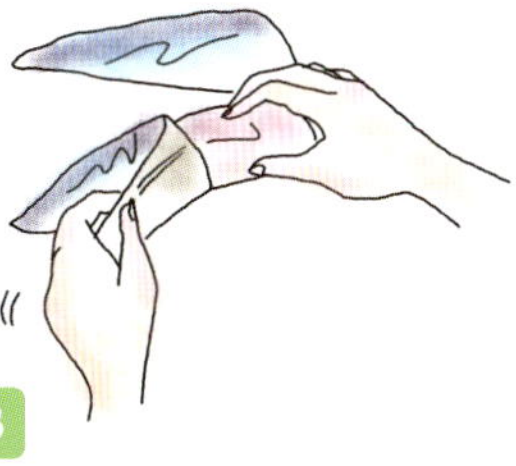

3
鯖の表面が白っぽくなったら水気を切り、皮を引く。

4
バットに並べ、オリーブオイルを全体にかかるように1/2カップぐらいかけ、3~4時間オイル漬けする。

5
厚さ1~2ｃｍに切り、皿に並べ、バジルを散らし、EXVオリーブオイルをかけ、ローズペッパーを散らす。

MEMO
＊鯖は秋から冬にかけて美味しい。
＊酢と同量の水で漬けると酸味が柔らかくなります。
＊自然塩で塩漬けすると、塩っぽさがなく優しい味になります。是非自然塩で。

難易度 ★☆☆
所要時間 20分

材料
【4人分】

茹でダコ……………………………200g(2～3mm厚さのそぎ切りにする)
香草パン粉
　パセリのみじん切り…大さじ1
　にんにく……………………………1/2片（みじん切り）
　ドライパン粉……………………1/2cup
　オレガノ…………………………少々
　塩、こしょう
ブラックオリーブ、グリーンオリーブ…各8個(輪切り)
ケイパー……………………………大さじ1
アンチョビ…………………………2枚(粗みじん切り)
EXVオリーブオイル…………………大さじ4

タコのオーブン焼き

超おすすめイタリアのタコ料理

作り方

1
香草パン粉を作る。

2
グラタン皿にEXVオリーブオイルをぬり、パン粉（分量外）を少々敷き、その上にタコを一面に並べる。

3
その上に1のパン粉をたっぷりと全体にふりかけ、オリーブ、ケイパー、アンチョビを散らし、EXVオリーブオイルをかける。

4
200～220℃のオーブンで約10分、焼き色がつくまで焼く。

MEMO
＊柔らかいタコがお好きな人は、買ってきた茹でダコをさらに約30分、半割りしたレモンを加えた湯で茹でると柔らかくなります。

材料【4人分】

- タコ……………………………200g
- セロリ…………………………1/2本(千切り)
- にんじん………………………1/4個(千切り)
- プティトマト…………………5個(2mmの角切り)
- 細ねぎの小口切り…………適宜
- ポン酢…………………………大さじ2
- EXVオリーブオイル………大さじ2
- 黒粒こしょう…………………少々

タコのカルパッチョ

お手軽にできて食卓が華やぎます

作り方

1
大皿にセロリとにんじんを敷き、
タコを削ぎ切りにして並べる。

2
細ねぎとプティトマトを散らし、こしょう、
ポン酢、EXVオリーブオイルを回しかけて
でき上がり。

MEMO
＊このレシピはEXVオリーブオイルが決め手。ちょっと上質のEXVオリーブオイルが上品な味にしてくれます。
＊ペパーミルで挽いたこしょうを食卓でたっぷりかけるといいでしょう。

難易度　★☆☆
所要時間　40分

材料
【4人分】

キャベツ……………………1/2個(粗い千切り)
玉ねぎ………………………1/2個(スライス)
にんじん……………………1/2本(千切り)
塩
コールスロー・ドレッシング(作りやすい量)
　マヨネーズ……………大さじ3
　キャラウェイシード……小さじ1
　砂糖………………………小さじ1
　生クリーム……………大さじ1
　グリーンペッパー………大さじ1(粗みじん切り)
　ニンニクのすり下ろし…少々
　玉ねぎのすり下ろし……大さじ1
　レモン汁…………………50cc
　サラダ油…………………60cc

コールスロー

キャベツがあまったときのお助けレシピ

作り方

1
キャベツに大さじ1の塩、玉ねぎ、にんじんにそれぞれ小さじ1の塩をし、しんなりさせる。

2
しっかり絞る。

3
ドレッシングを作る。

4
野菜とドレッシングを混ぜる。

MEMO
＊練乳があれば大さじ1を4で入れると深みのある味になります。その時は砂糖を入れない。
＊1の塩は、是非自然塩を。

難易度　★☆☆
所要時間　20分

材料
【4人分】

きのこ(しいたけ、しめじ、エリンギ等)
……………………………………300g
（石づきを取り、食べやすい大きさに切る）
トマト…………………………1個(湯むきし、半分に切り種を取り、1cm角に切る)
にんにく………………………1片(みじん切り)
赤唐辛子………………………1本(種を取り除く)
バルサミコ酢…………………大さじ1
マルサラ酒……………………大さじ1
オリーブオイル………………大さじ1
EXVオリーブオイル…………大さじ1
パセリのみじん切り

きのこのバルサミコ酢風味

きのこはたくさん食べたいもの

作り方

1
オリーブオイルでにんにく、赤唐辛子を炒め、
赤唐辛子は取る。

2
きのこを加えてサッと炒め、バルサミコ酢、
マルサラ酒、トマトを加え、水分を蒸発させるよう
強火で手早く炒め、塩、こしょうで調味する。

3
室温で冷ましたら、冷蔵庫に入れ冷ます。

4
食べる時にEXVオリーブオイル加え、
パセリを散らして食卓へ。

MEMO
＊きのこの水分が残らないよう、火加減は強めに。
＊きのこは油が大好きなので、いくらでも吸い込みます。
　油を足したくなったらお酒で代用しましょう。
＊きのこの旬は秋、身がしっかりしています。

難易度　★☆☆
所要時間　20分

材料
【4人分】

ナス……………………………3～4個
ドライトマトのオイル漬け……2枚(細切り)
みょうが………………………2個(千切り)
ナスのソース
ケイパー……………………大さじ1(みじん切り)
アンチョビ…………………1枚(みじん切り)
黒オリーブ…………………4個(みじん切り)
パセリのみじん切り………大さじ1
EXVオリーブオイル………大さじ2
塩、こしょう

焼きナスのサラダ

いつものナスを、ちょっぴりイタリア風にしてみませんか

作り方

1
焼き網でナスをまるごとのせて焼き、
皮をむく。

2
ボウルにソースの材料を
入れてよく混ぜ、塩、
こしょうで味を調える。

3
なすを切り離さないように切れ目を入れ、
ソースをかけ、ドライトマトを散らし、
みょうがを上にのせて食卓へ。

MEMO
＊今やナスも年中店頭に並べられていますが、太陽をたっぷり浴びた夏のナスは身が締まって本当に美味しい！

難易度　★☆☆
所要時間　20分

Crostini

材料【4人分】

- 刺身用鯛……………………1/4身
- 塩コンブ……………………15g(細かく切る)
- ピクルス……………………少々(みじん切り)
- ケイパー……………………小さじ1(粗みじん切り)
- みょうが……………………1個(みじん切り)
- 酢漬けしょうが……………少々(みじん切り)
- 紅しょうが…………………少々(みじん切り)
- バルサミコ酢………………小さじ1
- EXVオリーブオイル………大さじ2
- 細ねぎの小口切り…………少々
- バゲット

鯛のクロスティーニ

鯛をバゲットにのせていただけるなんて！

作り方

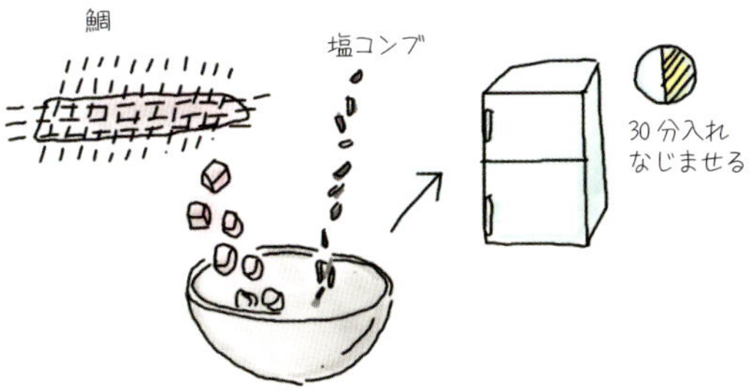

1
鯛を5mm角に切り、塩コンブと合わせ、味をなじませる。

2
ピクルス他の具と冷蔵庫から出した鯛と混ぜる。

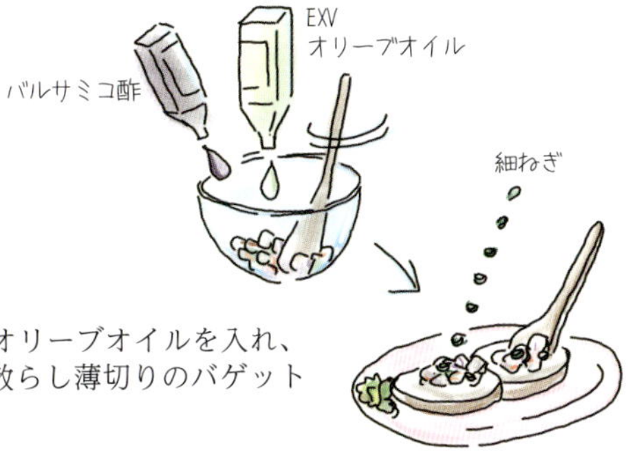

3
さらにバルサミコ酢、EXVオリーブオイルを入れ、サッとかき混ぜ、細ねぎを散らし薄切りのバゲットと食卓へ。

MEMO
＊食べる直前に混ぜること。

難易度　★☆☆
所要時間　20 分

Crostini

材料
【4 人分】

クリームチーズ………………100g
（室温に戻しておく）
辛子明太子……………………1/2腹
エシャロットのみじん切り…大さじ1
みょうがのみじん切り………大さじ1
レモン汁………………………大さじ1
レモンの皮のすりおろし……少々
白ワイン………………………大さじ1
細ねぎの小口切り……………少々
バゲット

明太クリームチーズのクロスティーニ

相性のいいクリームチーズと明太子をのせて

作り方

1
辛子明太子は包丁の背で
薄皮から、身をはがしておく。

2
明太子、クリームチーズ、エシャロット、
みょうが、レモン汁、レモンの皮のすり
おろし、白ワインを入れ、よく混ぜ合わ
せる。

3
2 をバゲットの薄切りにのせて、
細ねぎを散らしていただく。

MEMO
＊エシャロットがない時はセロリのみじん切りで代用してもOK。
＊日本のレモンでないときは、すりおろしは省く。
＊スティックに切った、にんじん、セロリ、きゅうり等につけるディップにしても美味しいですよ。

難易度　★★☆
所要時間　30分

Crostini

材料
【4人分】

じゃがいも…………3～4個
明太子………………1腹（身をはずす）
いんげん……………10本(1cmに切る)
ピーマン……………1個(粗みじん切り)
玉ねぎ………………1/3個(粗みじん切り)
バター………………大さじ1
マヨネーズ…………大さじ2
練りゴマ……………小さじ2
煎りゴマ……………少々
バゲット

じゃがいもと明太子のクロスティーニ

腹ごしらえにまずはバゲットにのせて

作り方

1
じゃがいもを茹で、茹で上がる2～3分前にいんげんを入れる。

2
じゃがいもの皮を取り、マッシャーでつぶし、明太子と混ぜる。

3
別のボウルにマヨネーズ、練りゴマをよく混ぜ、2を加え、混ぜる。

4
バターを熱し、バターが色づき始めたら、ピーマン、玉ねぎ、いんげんをサッと炒め、3のボウルに入れて混ぜ、塩、こしょうで調味する。

5
薄切りのバゲットに4をのせ、煎りゴマを散らしていただく。

MEMO
＊ボリュームがあるので、若者の集まりには是非。

豆の茹で方

1

厚鍋に水と豆を入れ軽く洗い、
豆の４～５倍の水を加え、
一晩漬けて戻す。

2

漬け汁ごと強火で沸騰させ、
白いアクが出たら取り除き、
弱火にしてセージ、
叩きつぶしたにんにく１片を入れ、
豆が柔らかくなるまで茹で、
そのまま冷ます。

MEMO

＊茹でる時間は豆の種類、量、新豆か旧豆かで違います。少し柔らかくなったら、
煮崩れないようにコマ目にチェック。
＊多めに茹でて、冷凍するのも賢明です。
＊多めに茹でて、残りを甘く煮る煮豆にするのも Good。
その場合はセージやにんにくを加えずに茹でましょう。

豆を食べよう **洋食豆レシピ**

豆は栄養豊富、
洋食にすると食卓が華やぎます。
こんないいものを忘れていては
もったいない。

いんげん豆とマカロニのミートソースグラタン

家庭料理の温かさが伝わる一品

材料
【4人分】

茹でたインゲン豆…………1cup
玉ねぎ…………………………1/2個(みじん切り)
セロリ…………………………1本(みじん切り)
にんじん………………………1/2本(みじん切り)
にんにく………………………1片(みじん切り)
牛のひき肉……………………250g
マカロニ………………………150g(アルデンテに茹でておく)
ホールトマト…………………1缶(手でつぶす)
トマトケッチャップ………大さじ1
パン粉…………………………1/2cup
生クリーム……………………1/2cup
パルメザンチーズ…………大さじ3
オリーブオイル、バター

難易度 ★½☆
所要時間　50 分

作り方

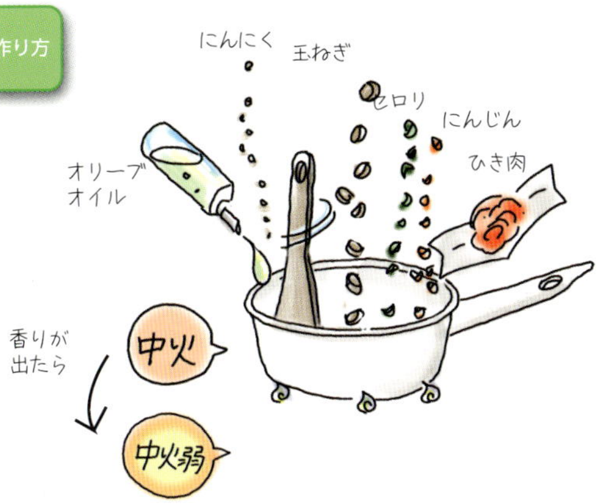

1

オリーブオイルでにんにくの香りが出るまで炒め、
玉ねぎ、セロリ、にんじんを加え、
さらに牛ひき肉を炒める。

2

いんげん豆、ホールトマト、トマトケチャップを
加え、煮立ったら弱火で煮る。

3

火からおろし、生クリーム、マカロニを入れて、
軽く混ぜ、小さじ 1 の塩、こしょうをする。

4

バターを塗った耐熱皿に入れて、表面を平らにし、
パン粉、パルメザンチーズを散らしてオーブンに入れ、
表面が濃いめのきつね色になるまで焼く。

5

パセリを散らし、熱々をパルメザンチーズと食卓へ。

MEMO

＊「後はオーブンに入れるだけ」の前もっての準備をしておける便利なレシピです。特にお客様の時には大助かり。

スペアリーブといんげん豆のトマト煮

スペアリーブの濃厚さと豆の旨みがとってもいい関係

材料【4人分】

スペアリーブ………………600～700g(塩、こしょうをし、小麦粉をまぶす)
にんにく……………………1片(みじん切り)
玉ねぎ………………………100g(みじん切り)
セロリ………………………100g(みじん切り)
にんじん……………………100g(みじん切り)
ローズマリー………………1枝
セージ………………………1枝
赤ワイン……………………1.5cup
ホールトマト………………600g(手でつぶす)
ブイヨン……………………1cup(水1cup＋固形スープの素1個)
茹でたいんげん豆…………1cup
EXVオリーブオイル………大さじ2
パセリのみじん切り………少々
ローリエ、小麦粉、オリーブオイル

難易度　★★☆
所要時間　1時間30分

作り方

1

オリーブオイル大さじでスペアリーブの表面をしっかり焼く。

2

オリーブオイル大さじ１でにんにくの香りが出るまで炒め、玉ねぎ、セロリ、にんじんを入れ、炒める。

3

スペアリーブを入れ、全体を混ぜる。赤ワインを加え、2~3分煮てアルコール分を飛ばし、ホールトマト、ブイヨンを加え、ハーブ類を入れて煮立たせる。

4

煮立ったらアクを取り、煮込む。

5

仕上がる５分程前にいんげん豆を加えて煮込み、最後に塩、こしょうで味を調える。

MEMO

＊スペアリーブから出た脂はこまめに取り除くとさっぱり味になります。
＊焦げ付きやすいので、鍋底をチェックすることを忘れずに。
オーブンで煮込むと焦げ付かないですよ。

豚フィレカツのモッツァレーラといんげん豆のせ

見た目も美味しさも抜群！

材料
【4人分】

豚フィレ肉……………………250g
モッツァレーラチーズ………100g
トマトソース…………………1.5cup(4ページ参照)
プティトマト…………………10個(4つに切る)
茹でたいんげん豆……………1/2cup
EXVオリーブオイル…………大さじ2
パルメザンチーズ……………大さじ1
小麦粉、卵、ドライパン粉
サラダ油

難易度 ★★☆
所要時間　50分

作り方

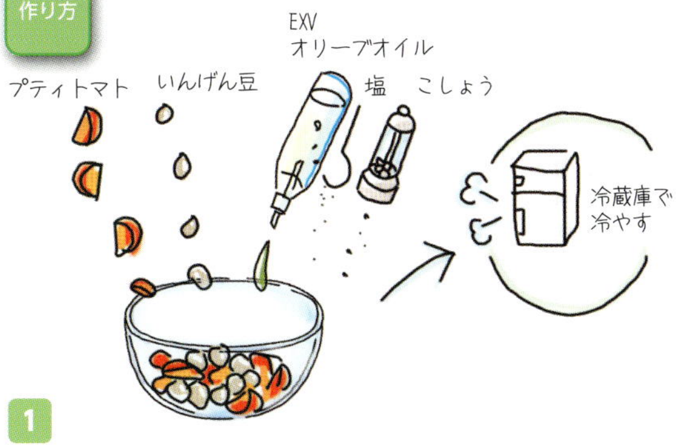

1
サラダボウルにトマト、いんげん豆、
EXV オリーブオイルを入れ、
塩、こしょうで調味し冷やす。

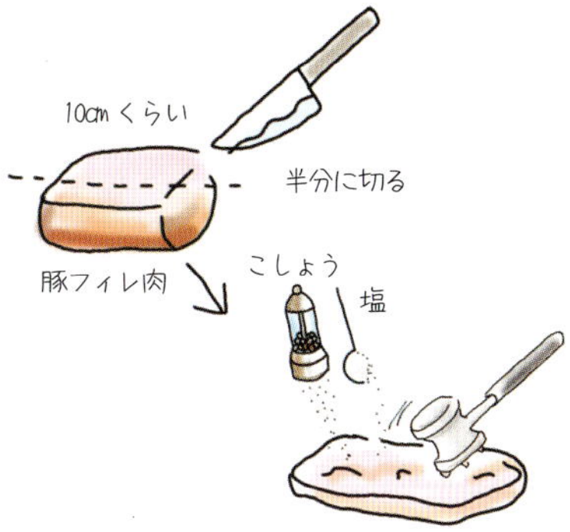

2
豚フィレを約 10cm の長さに切り、
さらに縦半分に切り、
肉叩きで平らになるよう叩き、塩、こしょうをする。

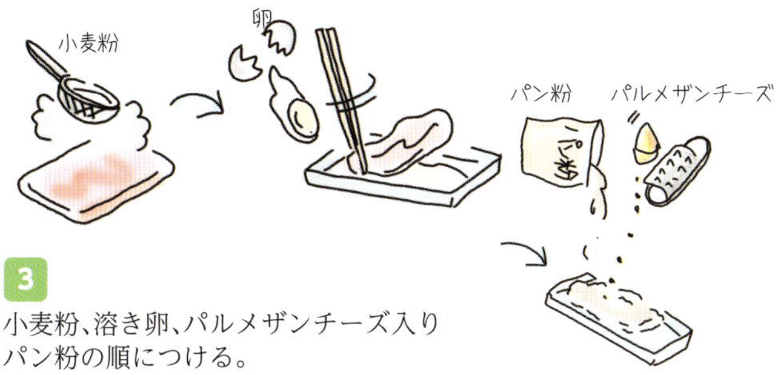

3
小麦粉、溶き卵、パルメザンチーズ入り
パン粉の順につける。

4
多めの油で表面だけをカリッと焼く。

5
耐熱器にトマトソースをしき、
カットしたモッツァレーラチーズをのせた
4をのせ、オーブンで焼く。

6
熱々のトマトソースと豚フィレを器に盛り、
冷え冷えのサラダをのせていただきます。

MEMO
＊4の油の温度が低いと油っぽくなります。
そしてしっかり油を切る事。

紫花豆入り煮込みハンバーグ

大好きなハンバーグに大きな豆が入りました

材料【4人分】

ハンバーグの材料
- 牛のひき肉…………400g
- 玉ねぎ………………1/2個(みじん切りにし、しんなりするまで炒めて冷ます)
- パン粉………………1/2cup(牛乳1/2cupで浸しておく)
- 卵……………………1個
- ナツメグ、塩、こしょう

茹でた紫花豆…………1cup
玉ねぎ…………………1/2個(くし型に16等分に切る)
にんじん………………1/2本(食べやすい大きさに切る)
じゃがいも……………2個(食べやすい大きさに切る)
にんにく………………1片(みじん切り)
トマトソース…………1cup(4ページ参照)
赤ワイン………………1cup
デミグラスソース……100g
ブイヨン………………2cup(水2cup＋固形スープの素2個)
さやいんげん…………10本(熱湯でさっとゆがき、二つに切る)
ローリエ、オリーブオイル

作り方

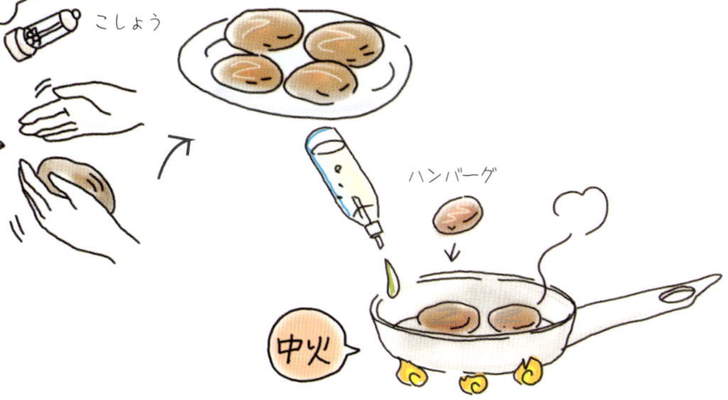

1

まずハンバーグを作る。
- ボウルに材料を入れ、よく混ぜ、8個のハンバーグの形にする。
- オリーブオイル大さじ１でハンバーグの表面を焼き、別皿に取る。

2

オリーブオイル大さじ１でにんにくの香りがするまで炒める。

3

野菜を加え、油がまわったら、ハンバーグの形を崩さないように入れる。

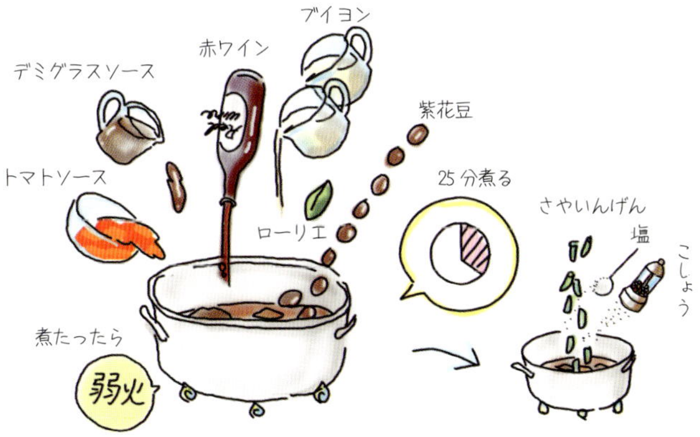

4

さらに調味料と紫花豆を入れて煮込み、
最後にさやいんげんを入れ、
塩、こしょうで味を調える。

MEMO
＊紫花豆は煮崩れにくいので、このレシピには最適ですが、他の豆でもＯＫ。

難易度　★☆☆
所要時間　30分

Main Dish

材料
【4人分】

茹でたひよこ豆……………2cup
ソーセージ…………………5本
（食べやすい大きさに切る）
ベーコン……………………5枚(2mmに切る)
にんにく……………………1片(叩きつぶす)
セロリ………………………1/2本(みじん切り)
玉ねぎ………………………1/2個(みじん切り)
にんじん……………………1/2本(みじん切り)
ホールトマト………………1/2缶(手でつぶす)
白ワイン……………………1/2cup
ブイヨン……………………2cup
(水2cup＋固形スープの素1個)

ひよこ豆とソーセージの煮込み

ソーセージの旨みがうれしいお手軽レシピ

作り方

1
厚鍋にオリーブオイルとにんにくとベーコンを入れ、
にんにくの香りが出るまで炒める。

2
セロリ、玉ねぎ、にんじんを加え
ねっとりするまで炒める。

3
ソーセージを加えサッと炒め、
白ワインを入れ、2~3分煮て
アルコール分を飛ばす。

4
ブイヨン、ひよこ豆、
ホールトマトを入れ、
10分ほど煮込み、
最後に塩、こしょうで調味する。

MEMO
＊煮込みのソーセージはできれば
スモークの強くない、煮込み用
のを求めるとよいでしょう。
＊他の豆で代用ももちろんOK。

材料【4人分】

茹でた豆
(金時豆、いんげん豆等)……2cup
チョリソ……………………………大き目のを3本
(食べやすい大きさにする)
ベーコン……………………………3枚(粗みじん切り)
にんにく……………………………1片(みじん切り)
玉ねぎ………………………………1/3個(みじん切り)
セロリ………………………………1/2本(みじん切り)
ホールトマト………………………1/2缶(手でつぶす)
チリソース…………………………1/4cup
白ワインビネガー or 酢……大さじ1
白ワイン……………………………大さじ2
パセリのみじん切り……………適宜

チョリソと豆のエスニック煮

ちょっとピリ辛味がアクセントに

作り方

1
オリーブオイルでにんにく、ベーコンを炒め、さらに玉ねぎ、セロリを加えて炒める。

2
チョリソを加えて炒め、白ワインで2~3分煮てアルコール分を飛ばす。

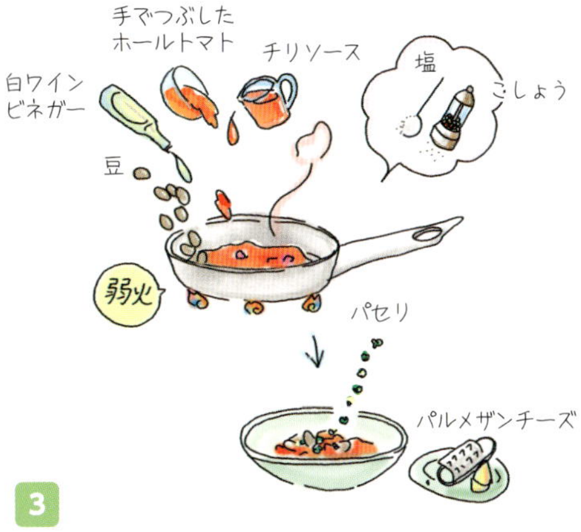

3
豆と調味料を入れて煮込み、塩、こしょうをし、パセリを散らし、パルメザンチーズを添えて食卓へ。

MEMO
＊チョリソの味が決め手､美味しいチョリソで是非。
＊チリソースはお好みで加減を。

難易度　★★☆
所要時間　1時間半

Main Dish

材料【4人分】

牛もも肉……………………………600g(小さめに切る)
茹でたうずら豆……………………2cup
にんにく……………………………1片(みじん切り)
玉ねぎ………………………………100g(みじん切り)
にんじん……………………………100g(みじん切り)
セロリ………………………………100g(みじん切り)
ピーマン……………………………2個(5mm角に切る)
ローズマリーのみじん切り……小さじ1
タイムのみじん切り……………小さじ1
赤ワイン……………………………2cup
ホールトマト………………………800g(手でつぶす)
小麦粉、オリーブオイル

牛肉とうずら豆の煮込み

ボリュームたっぷりのご馳走です

作り方

1
牛肉に塩、こしょうをし、小麦粉をまぶす。

2
オリーブオイルで牛肉の表面が焼き色がつくまでしっかり焼く。

3
厚鍋にオリーブオイル大さじ1とにんにくを入れ、
にんにくの香りが出るまで炒め、
野菜を加えて炒める。

4
牛肉を加え、赤ワインを入れ、
半量になるまで煮詰めたのち、
ホールトマトと水カップを入れて、
煮立たせる。

5
煮立ったらアクを取り、
ローズマリー、タイムを
入れ、煮込む。

6
うずら豆とピーマンを加えて
約15分煮込み、塩、こしょうで
味を確かめる。

MEMO
*煮込みのソーセージはできればスモークの強くない、煮込み用を求めるとよいでしょう。
*他の豆で代用ももちろんOK。

難易度　★★☆
所要時間　50分

材料【4人分】

豚バラのブロック……………250g(2~3mmの厚さに切り、塩、こしょうする)
茹でたいんげん豆……………1cup
ベーコン……………………………2枚(細切り)
にんにく……………………………1片(みじん切り)
玉ねぎのみじん切り…………100g
にんじんのみじん切り………100g
セロリのみじん切り…………100g
パセリのみじん切り…………大さじ1
ホールトマト……………………1/2缶(手でつぶす)
ブイヨン……………………………2cup(水2cup+固形スープの素1個)
ペンネ………………………………200g
パルメザンチーズ……………大さじ1
白ワイン、1枝のタイム

豚バラ肉といんげん豆のパスタ

育ち盛りのお子さんもお腹いっぱい!

作り方

1
豚バラをオリーブオイル少々でしっかり炒め、ザルに取り、脂を落とす。

2
にんにくとベーコンを入れ、にんにくの香りが出るまで炒め、玉ねぎ、にんじん、セロリを入れ、炒める。

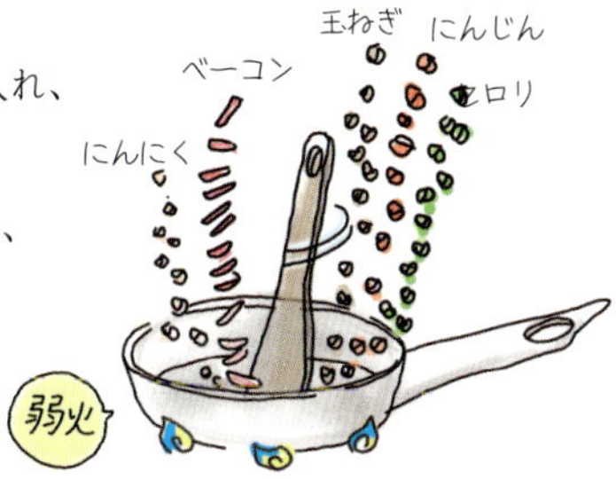

3
野菜がしんなりしてきたら、白ワインを入れ、2~3分煮てアルコール分を飛ばし、ホールトマト、ブイヨン、豚バラ、タイムを入れ、20分煮込む。

4
いんげん豆を加え、さらに煮る。
(水分が多いときは蓋を開けて煮、水分を飛ばす)

5
アルデンテに茹でたペンネとパセリ、パルメザンチーズを加え、サッと混ぜて食卓へ。

MEMO
*他の豆でもOK。
*栄養満点のこのレシピ、パスタなしのメインディッシュにしても美味ですよ。

難易度　★★☆
所要時間　40分

Pasta

材料【4人分】

- 茹でダコ……………………………100g
(みじん切りorフードプロセッサーにかける)
- 茹でた豆
(いんげん豆、金時豆、ひよこ豆等)…2cup
- にんにく……………………1片(みじん切り)
- 玉ねぎ………………………1/3個(みじん切り)
- セロリ………………………1/2本(みじん切り)
- ベーコン……………………3枚(細切り)
- 赤唐辛子……………………1本(種を取り除く)
- ホールトマト………………1缶(手でつぶす)
- 白ワイン……………………50cc
- パセリのみじん切り………大さじ1
- オリーブオイル、EXVオリーブオイル
- パスタ(スパゲッティ—ニ)……200g

タコと豆のパスタ

タコの旨みが豆にしみこんで

作り方

1
厚手の鍋にオリーブオイル、にんにく、赤唐辛子、ベーコンを入れ、にんにくの香りがし、ベーコンがカリッとするまで炒め、赤唐辛子を取り出す。

2
玉ねぎ、セロリを加え、さらに炒める。

3
中火にしてタコと豆を加えサッと炒め、白ワインを入れ、アルコール分を飛ばす。

4
ホールトマトを加え約12~13分煮込み、塩、こしょうで味を調える。

5
アルデンテに茹でたパスタと和え、EXVオリーブオイルをかけ、パセリを散らしてでき上がり。

MEMO
＊晩秋に出始める新豆で作ると、よりいっそうGood！

難易度 ★☆☆
所要時間 30分

Appetizer

材料【4人分】

茹でたいんげん豆…………2cup
紫玉ねぎ or 玉ねぎ………1/4個
　　　　　　(薄くスライスし、水にさらす)
ツナ缶…………………………小1/2缶
梨………………………………1/4
　　　　　　　　　(2～3mm角に切る)
イタリアンパセリ…………適宜
EXVオリーブオイル… … 大さじ1
塩、こしょう
ドレッシング(作りやすい量)
　酢とレモン汁……………50cc
　　　　　　　　(レモン汁1個分と酢で)
　サラダ油……………………100cc
　にんにくのみじん切り…少々
　塩、こしょう

豆のサラダ

豆はサラダにしてたくさん食べたい！

作り方

1
ドレッシングを作る。

2
ボウルに水気を切った豆と玉ねぎ、ツナを入れ、
ドレッシングで合え、ちぎったイタリアンパセリ、
梨、EXVオリーブオイルを軽く混ぜ、
塩、こしょうで調味し、食卓へ。

MEMO
＊いんげんに限らずいろいろな豆でお試しを。
＊梨を入れると甘みが加わり、またサクサク感が出て美味しくなります。りんごでもＯＫ。

ひよこ豆とベーコンの煮込み

ひよこ豆とちょっぴり甘いソースが心を休めてくれます

材料【4人分】

茹でたひよこ豆………2cup
ベーコン………………5枚(2枚を細切り+3枚を3等分に切る)
にんにく………………1片(みじん切り)
赤唐辛子………………1個(種を取り除く)
玉ねぎのみじん切り…100g
セロリのみじん切り…100g
にんじんのみじん切り…100g
ピーマン………………1個(みじん切り)
トマトケチャップ……大さじ1
トマトソース…………1/2cup(4ページ参照)
ブイヨン………………1/2cup(水1/2cup+固形スープの素1/2個)
はちみつ………………小さじ1
パプリカ………………小さじ1
パセリのみじん切り…少々
パルメザンチーズ、オリーブオイル、バター

難易度　★★☆
所要時間　1時間

作り方

1

にんにく、赤唐辛子、細切りのベーコンをオリーブオイル大さじ1で炒め、にんにくの香りが出たら玉ねぎ、セロリ、にんじん、ピーマンを加え、炒める。

2

しんなりしてきたら、ひよこ豆を加える。

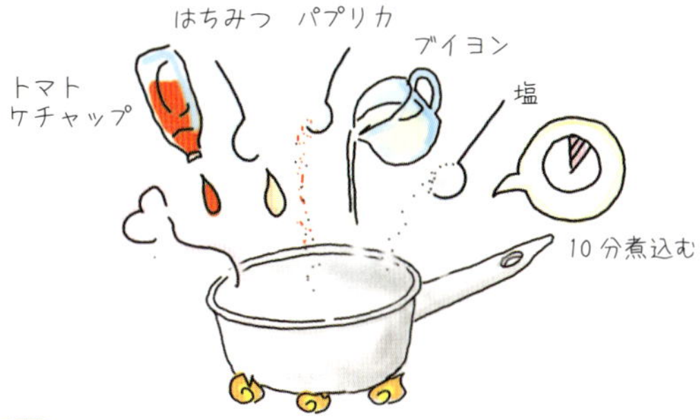

3

トマトケチャップ、はちみつ、パプリカ、ブイヨンを加え、塩適量を入れ、約10分煮込む。

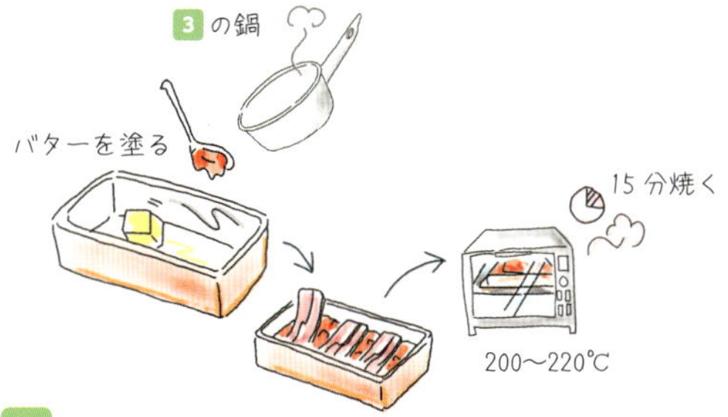

4

耐熱器に3を入れ、ベーコンを並べ、200~220℃のオーブンで約15分、フツフツと煮立つまで焼く。

5

パセリを散らし、熱々をパルメザンチーズと食卓へ。

MEMO

＊このレシピはおもてなし料理にもぴったり。後はオーブンに入れるだけの完成品にしておけるからです。頃合いを見計らってオーブンに入れるだけの一品があると気が楽ですよ。
＊ひよこ豆のほくほくした甘みのある味と、はちみつのちょっぴり甘みとマッチした、子供も大好きになる一品です。

豆とそら豆のサラダ

いろいろ豆のサラダは体に良さそう

材料【4人分】

茹でた豆
(いんげん豆、とら豆、金時豆等)……1cup
そら豆……200g
スナップエンドウ……15本(2つに切る)
玉ねぎ……1/2個(スライスして水にさらす)
トマト……1個(1cm角に切る)
黒オリーブ……10粒(輪切り)
グリーンオリーブ……10粒(輪切り)
ツナ……大さじ2
ケイパー……小さじ1(粗みじん切り)
ドレッシング(作りやすい量)
　レモン汁……50cc
　サラダ油……100cc
　にんにくのすりおろし……少々
　玉ねぎのすりおろし……大さじ1
　パセリのみじん切り……少々
　レモンの皮のすりおろし……少々
　塩、こしょう

難易度　★☆☆
所要時間　30分

作り方

1
熱湯に大さじ１の塩入れ、そら豆を煮、薄皮を取り除く。

2
1の熱湯でスナップエンドウを茹でる。

3
ボウルに材料を次々と入れ、ドレッシングであえ、
塩、こしょうで味を調える。

4
器に盛り、EXVオリーブオイルを少々振りかける。

MEMO
＊そら豆、スナップエンドウは茹ですぎないこと。

難易度　★☆☆
所要時間　40分

Appetizer

材料【4人分】

ひよこ豆……………………100g(一晩水につけておく)
玉ねぎ………………………1/2個(みじん切り)
セロリ………………………1/2本(みじん切り)
にんじん……………………1/2本(みじん切り)
にんにく……………………1片(みじん切り)
セージ………………………1枝
イタリアンパセリ
ドレッシング
　玉ねぎのみじん切り……大さじ1(塩少々をまぶす)
　EXVオリーブオイル……大さじ2
　塩…………………………小さじ1/2
　カレー粉　………………小さじ1/2
　バルサミコ酢……………小さじ1
　こしょう

ひよこ豆の煮物

可愛らしい形のひよこ豆がおしゃれな一品にしてくれます

作り方

1
厚手の鍋にオリーブオイルとにんにくを入れ、ゆっくりきつね色になるまで炒める。

2
玉ねぎ、セロリ、にんじんを入れ、ねっとりするまで炒める。

3
セージと漬け汁ごと豆を入れ、柔らかくなるまで煮、煮汁が少し残るくらいにする。

4
ボウルにドレッシング用の材料を入れ、混ぜる。

5
❸を煮汁ごとドレッシングに入れて混ぜ、刻んだイタリアンパセリを合わせる。

MEMO
＊ドレッシングに入れたらしばらく置いて、味を馴染ませるとよいでしょう。

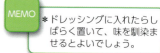

材料【4人分】

茹でたとら豆……………………2cup
ベーコン…………………………3枚(千切り)
玉ねぎ……………………………1/2個(スライス)
赤ピーマンor黄ピーマン…………1/2個(スライス)
きのこ類
(しめじ、舞茸、しいたけ等)……150g
(食べやすい大きさにする)
にんにく…………………………1片(叩きつぶす)
赤唐辛子…………………………1本(種を取り除く)
パセリのみじん切り………………大さじ1
ドレッシング
　サラダ油………………………大さじ2
　レモン汁………………………大さじ1
　レモンの皮のすり下し…………少々
　塩、こしょう
　EXVオリーブオイル……………少々

きのことと ら豆のサラダ

ふたつの違った食感がとても心地よい

作り方

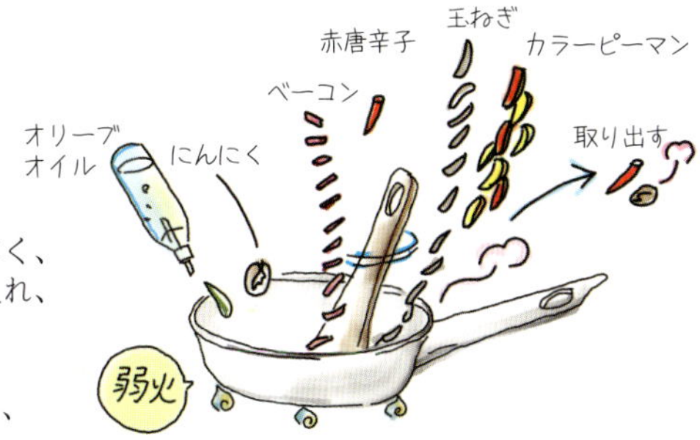

1
オリーブオイルとにんにく、ベーコン、赤唐辛子を入れ、弱火で炒め、にんにくの香りがしたら玉ねぎ、ピーマンを加え、しんなりするまで炒める。

2
きのこ類を入れ、しんなりしてきたら塩、こしょうで味を調える。

3
ボウルに
ドレッシングの材料を入れ、
とら豆ときのこが熱いうちに加え、
パセリを加え、
塩、こしょうで味を調える。

MEMO
＊きのこ類から水が出ないように、中火～中火強で炒めること。
＊豆は他のいんげん豆や金時豆でもＯＫ。

難易度　★★☆
所要時間　30分

材料【4人分】

茹でタコ…………150g(フードプロセッサーにかけ、細かくしておく)
じゃがいも………4個
にんにく…………1/2片(みじん切り)
赤唐辛子…………1個(種を取り除く)
枝豆………………100g(塩を少々入れた熱湯で茹で、皮からはずし、薄皮も取る)
レモン汁…………大さじ1

タコとじゃがいもの枝豆のせサラダ

タコとじゃがいもは相性バッチリ

作り方

1
じゃがいもを茹で、つぶす。

2
にんにくと赤唐辛子をオリーブオイルでにんにくの香りが出るまで炒める。

3
タコを加え、サッと炒め、塩、こしょうで味つけする。

4
ボウルに1と3を入れ、レモン汁も入れてざっくりかき混ぜ、器に盛り、枝豆をのせ、食卓へ。

MEMO
＊タコは粗めにするとワイルドな味わいになります。
＊じゃがいもの温かいうちにタコを混ぜましょう。

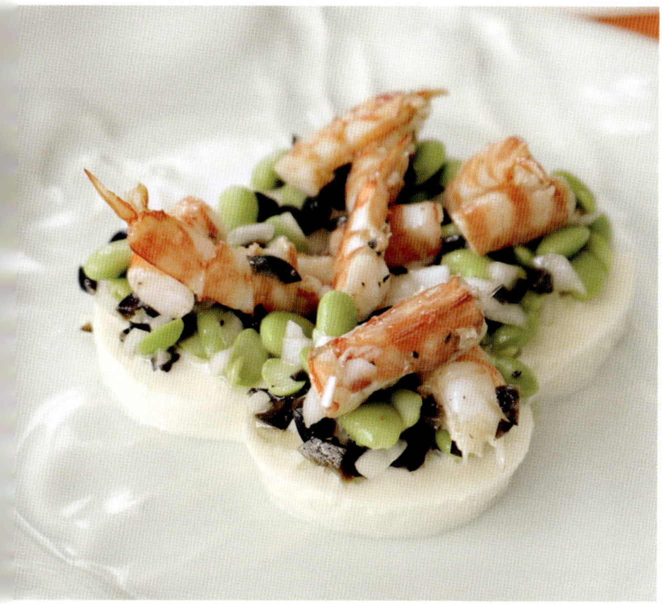

材料【4人分】

枝豆……………………………300g
海老……………………………10尾(背ワタを取り除く)
フレッシュ・モッツァレーラ…1個
玉ねぎ…………………………1/4個(粗みじん切り)
黒オリーブ……………………10個(粗みじん切り)
白ワイン………………………大さじ2
ドレッシング
　赤ワインビネガー…………大さじ1
　レモン汁……………………大さじ1
　サラダ油……………………大さじ3
　EXVオリーブオイル………大さじ1
　塩、こしょう

枝豆と海老とモッツァレーラのサラダ

ちょっと贅沢な大人の前菜

作り方

1
枝豆を茹でてサヤから豆を取り出し、薄皮も取る。

2
海老は小さめの厚手の鍋にワインと一緒に入れ、蒸す。

3
海老に火が通ったら殻を取り、食べやすい大きさに切る。

4
ドレッシングを作り、枝豆、海老、玉ねぎ、黒オリーブを入れ、軽くかき混ぜる。

5
モッツァレーラチーズを1cm厚さにスライスして、皿に盛り、その上に4を盛り、黒こしょうをして食卓へ。

MEMO
＊贅沢ついでに車海老で作ると最高です。

難易度 ★☆☆
所要時間 30分

Appetizer

材料【4人分】

茹でた金時豆……………2cup
玉ねぎ……………………1/4個(粗みじんに切り、水にさらす)
セロリ……………………1/2本(7mm角に切る)
ピーマン…………………1個(7mm角に切る)
スナップエンドウ………10個(サッと茹で、2～3つに切る)
レタス……………………3枚
ゆで卵……………………1個(粗みじんに切る)
パセリのみじん切り………少々
ドレッシング
　EXVオリーブオイル…大さじ1
　チリソース……………大さじ2
　マヨネーズ……………大さじ1
　レモン汁………………小さじ1
　レモンの皮のすりおろし…少々
　塩、こしょう

金時豆のサラダ

大勢集まるときには大いに役立ちます

作り方

1
ボウルにドレッシングの材料を入れ、ドレッシングを作る。

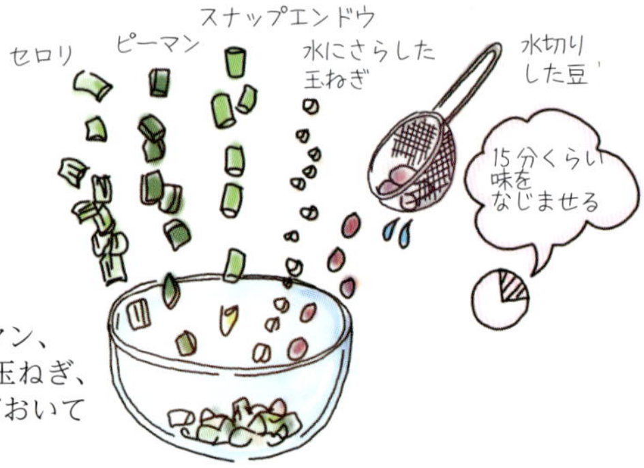

2
そこにセロリ、ピーマン、スナップエンドウ、玉ねぎ、豆を加え、15分ほどおいて味をなじませる。

3
レタスをしき、2を入れ、ゆで卵を散らし、パセリを散らして食卓へ。

MEMO
＊金時豆以外の豆でもＯＫ。

難易度　★☆☆
所要時間　20分

Appetizer

材料【4人分】

さやいんげん……………………100g(食べやすい大きさに切る)
茹でたとら豆……………………1cup
黒オリーブ………………………10粒(スライス)
プティトマト……………………10個(4つ切り)
玉ねぎ……………………………1/2個(スライスし、小さじ1の塩をまぶす)
ケイパー…………………………小さじ1(粗みじん)
EXVオリーブオイル………少々
レモンの皮の千切り………少々
ドレッシング
　レモン汁…………………大さじ1
　サラダ油…………………大さじ2
　アンチョビペースト……小さじ1
　にんにくのすり下し……少々
　レモンの皮のすり下し…少々
　塩、こしょう

さやいんげんととら豆のサラダ

さやいんげんのシャキシャキ感と豆の柔らかさが心地よい

作り方

1
熱湯に塩を入れ、さやいんげんをサッと茹でる。

2
ボウルにドレッシングを作り、黒オリーブ、ケイパー、とら豆を入れ、混ぜる。

3
さやいんげん、プティトマト、玉ねぎを加え、サッと混ぜ、EXVオリーブオイル、レモンの皮をかけてでき上がり。

MEMO
＊輸入レモンのときは、皮のすりおろし、千切りを省略。
＊さやいんげんはシャキシャキ感を持たせたいので、くれぐれも茹で過ぎないこと。
＊春のさやいんげんは本当に美味しい！

難易度 ★☆☆
所要時間 30分

Appetizer

材料
【4人分】

茹でたいんげん豆……………1/2cup
トマト……………………………1個(食べやすい大きさに切る)
キュウリ…………………………1本(乱切り)
セロリ……………………………1/2本(乱切り)
赤ピーマン………………………1/3個(5mm角に切る)
フレッシュモッツァレーラ……1個(食べやすい大きさに切る)
アンチョビ………………………3本(2~3mmに切る)
パルメザンチーズ………………大さじ1
バジルの葉………………………6枚
レモン汁、EXVオリーブオイル

モッツァレーラといんげん豆のサラダ

チーズと豆の旨みが口に広がって

作り方

1
いんげん豆に下味をつける。
ボウルにいんげん豆、レモン汁、EXVオリーブオイル、塩、こしょうを入れて味をしみ込ませる。

2
別のボウルに野菜類を入れ、塩をして、冷蔵庫に入れる。

3
サラダボウルに水分を切った野菜といんげん豆を入れて軽く混ぜ、他の材料を次々とかけて食卓へ。

MEMO
＊塩で余分な水分を取ったサラダは、生のままとは違った美味しさになります。
その際、塩が自然塩だと優しい味わいになりますよ。

材料
【4人分】

タコ…………………………100g(薄くスライス)
じゃがいも…………………3個
枝豆…………………………100g
セロリ………………………1/3本(粗みじん切り)
バジルソース………………大さじ2(44ページ参照)
ドレッシング
　レモン汁…………………大さじ1
　サラダ油…………………大さじ2
　アンチョビペースト……少々
　塩、こしょう

タコとじゃがいもと枝豆のバジルソース和え

食卓に映えるちょっとおしゃれな一品

作り方

1
熱湯に塩大さじ2を入れ、枝豆を茹で、
殻と薄皮を取り除く。

2
同じ鍋でじゃがいもを茹で、皮をむき、
1cm角に切る。

3
ボウルにタコとじゃがいも、
セロリ、枝豆を入れ、
バジルソース、ドレッシング
で和え、塩、こしょうで味を
調える。

MEMO
＊自家製のバジルソースは着色料等の添加物が入っていないので、前もって和えると変色します。食べる直前にバジルソースと和えること。

難易度　★☆☆
所要時間　20分

Appetizer

材料
【4人分】

茹でた金時豆……………2cup
鶏ひき肉…………………150g
いんげん…………………10本(2cmに切る)
ホールトマト……………1/2缶
細ねぎの小口切り………少々
ブイヨン…………………1cup
(水1cup＋固形スープの素1/2個)
白ワイン…………………50cc

金時豆とそぼろの煮込み

ひき肉入りで子どもも大喜び！

作り方

1
厚手の鍋にオリーブオイルと鶏ひき肉といんげんを入れ炒め、ひき肉がパラパラになったら白ワインを入れ、2~3分煮てアルコール分を飛ばす。

2
ホールトマトを入れ、
大ざっぱにつぶし、
ブイヨン、金時豆を加えて煮る。

3
器に盛り、細ねぎを
散らして食卓へ。

MEMO
＊豆は他の豆でもＯＫです。

材料
【4人分】

茹でたいんげん豆…………2cup
にんにく……………………1片(叩きつぶす)
玉ねぎ………………………1/2個(みじん切り)
セロリ………………………1/2本(5mm角に切る)
ズッキーニ…………………1本(5mm角に切る)
ベーコン……………………3枚(粗みじん切り)
ソーセージ(チョリソ)……4本(0.5mmに切る)
セージの葉…………………5～6枚
ホールトマト………………1缶(手でつぶす)
イタリアンパセリ…………適宜
オリーブオイル、EXVオリーブオイル

いんげん豆のトマト煮

イタリアの味を醸し出してくれる一品

作り方

1
鍋にオリーブオイル大さじ1、にんにく、ベーコンを入れ、にんにくのいい香りがするまで炒める。

2
玉ねぎ、セロリ、チョリソを加え、さらに3~4分炒める。

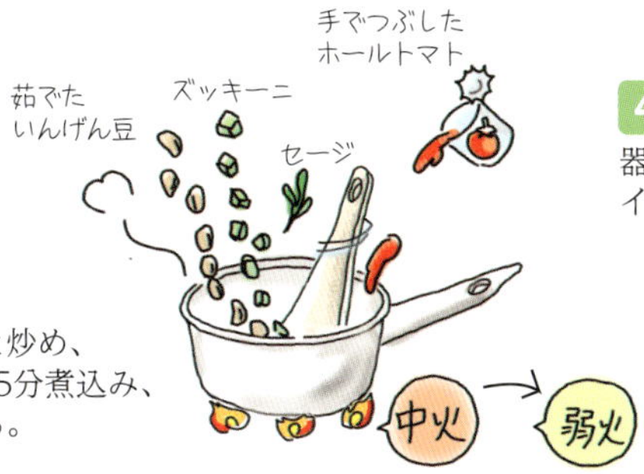

3
いんげん豆、ズッキーニ、
セージの葉を入れ、サッと炒め、
ホールトマトを加え、約15分煮込み、
塩、こしょうで味を調える。

4
器に盛り、EXVオリーブオイル大さじ1、
イタリアンパセリをふる。

MEMO
＊生のセージがなければ、ローリエ1枚で代用する。

難易度 ★☆☆
所要時間 20分

Appetizer

材料
【2人分】

茹でたうずら豆…………1cup
ソーセージ………………2~3本
干しブドウ………………大さじ1(水に浸して柔らかくする)
玉ねぎ……………………1/4個(みじん切りにし、塩少々をかけてしんなりさせる)
セロリ……………………1/3本(みじん切り)
ケイパー…………………小さじ1(粗みじん切り)
プレーンヨーグルト……大さじ1
マヨネーズ………………大さじ1
レモン汁…………………大さじ1
EXVオリーブオイル……大さじ2
塩、こしょう

うずら豆とソーセージのサラダ

簡単でボリュームたっぷりのうれしいサラダ

作り方

1
熱湯でソーセージを茹で、1cm の厚さに切る。

2
ボウルに全部の材料を入れ、混ぜる。

MEMO
＊うずら豆以外の豆でもＯＫ。

材料
【4人分】

茹でたひよこ豆……………1cup(水気を切る)
タコ…………………………70g(5mm角に切る)
細ねぎの小口切り…………少々
EXVオリーブオイル………大さじ2
レモン汁……………………大さじ1
バルサミコ酢………………小さじ1
塩、こしょう
バゲット

ひよこ豆とタコのクロスティーニ

バゲットにのせたひよこ豆が可愛らしい！

作り方

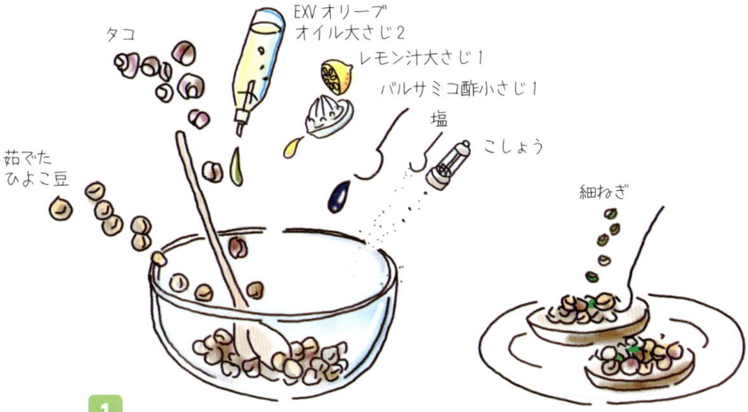

1
ボウルに材料を全部入れ、塩、こしょうで味を調え、
薄切りのバゲットにのせ、細ねぎを散らして食卓へ。

MEMO
＊豆は小さめのほうが better。

難易度　★☆☆
所要時間　20分

Crostini

材料【2人分】

レンズ豆……………100g(サッと洗う)
ベーコン……………3枚(みじん切り)
トマト………………1/2個(種を除いて、5mm角に切る)
セロリ………………1/2本(みじん切り)
鶏ガラスープ…………1cup
バゲット

レンズ豆のクロスティーニ

小さなレンズ豆をのせました

作り方

1
鍋に鶏ガラスープを入れ火にかけ、ベーコン、トマト、セロリ、レンズ豆を加え、レンズ豆が柔らかくなるまで約10分煮る。

2
レンズ豆が柔らかくなったら、塩、こしょうで味を調え、薄切りのバゲットと食卓へ。

MEMO
＊汁気がちょうどなくなるように煮ること。

材料【4人分】

茹でたとら豆……………………1cup
プティトマト……………………5個
レモンの皮………………………1/2個分
(すり下ろす)
レモン汁…………………………大さじ1
はちみつ…………………………小さじ1
ローズマリーのみじん切り……小さじ1
EXVオリーブオイル……………大さじ2
黒オリーブ………………………5粒
にんにく…………………………1/4片
アンチョビ………………………1枚
塩…………………………………小さじ1/2
こしょう
バゲット

とら豆のクロスティーニ

それぞれが食卓でバゲットにのせるのが楽しい！

作り方

1
材料の全部をフードプロセッサーにかけ、器に盛る。

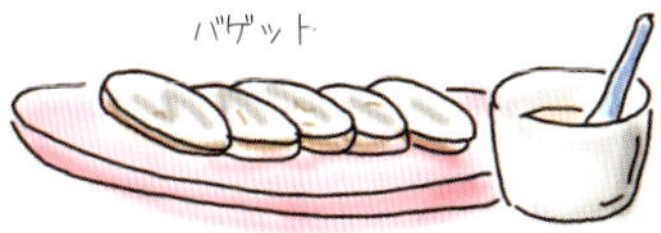

2
薄切りにしたバゲットと食卓へ。

MEMO
＊皮の柔らかいとら豆を生かしたレシピですが、他の豆でもＯＫ、いろいろお試しを。

こだわりの食材・道具

本物の素材と惚れた道具に囲まれて、キッチンに立つ。
「さあ、今日も美味しい料理が作れそう！」

essey 喰っちゃべりレシピ

食について、料理について、
ちょっとおしゃべりしてみました。
それにちなんだレシピもどうぞ。

にんじんのサラダ

有機のにんじんで作ったサラダは、優しい甘さが口に広がる

方々に感謝の気持ちでいっぱいになる
　私には、もうひとつ大事にしていることがある。それは料理の基本であるダシをきちんと天然のもので取り、調味料も昔ながらの製法のものを求めていること。
　最近外食の機会が増え、気になることがある。おしゃれなインテリアで、これはイケる店かもと期待して、いざ料理を食べると味がおかしい。鰹節や昆布で取るべきダシを「ダシの素」で代用し、さらに「旨味調味料」と称したアミノ酸やグルタミン酸ソーダをたっぷり混ぜた料理だからなのだ。困ったことに、この頃は、家庭で使うしょう油や味噌でさえ、ノン・アミノ酸を求めることが難しくなっている。
　私が〝自然〟を求め続けてきたのは、家族の健康のためもあるが、何と言っても「本物は美味しい」からだ。化学調味料で味付けをした料理は、食べた後、舌に変な「甘さ」が残る。本物は「旨さ」が残る。本物を次の世代に伝えることを心掛けたい。

難易度　★☆☆
所要時間　30分

材料【4人分】

にんじん……………………500g(千切り)
ブラックオリーブ…………10粒(粗みじん切り)
ドレッシング
　にんにくのすりおろし…少々
　玉ねぎ……………………1/4個(すりおろす)
　酢…………………………30cc
　ワインビネガー…………20cc
　サラダ油…………………100cc
　EXVオリーブオイル……大さじ2
　砂糖………………………小さじ1
　ブラックペッパー

作り方

1
にんじんを長さ5cmの千切りにする。

2
にんじんに小さじ1の塩を振りかけ、10分ぐらいおいてしんなりさせる。

3
ボウルにドレッシングを作る。

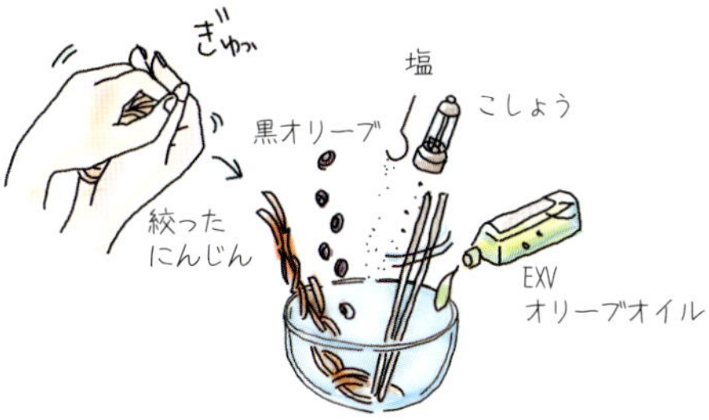

4
軽く絞たにんじんとブラックオリーブ、多めのブラックペッパー、EXVオリーブオイルを入れ、サッとかきまぜ、必要ならば塩を足す。

MEMO

＊一晩置いて、味をなじませてからの方が美味しいですよ。
＊新玉ねぎが出回る春には、是非新玉ねぎでお試しください。味がやさしくなります。
＊有機のにんじんで作ると、シャキシャキ感も口の中に広がりほのかな甘さもより豊かになります。

本物を知ろう

私の料理の信条は「自然が一番、自然は美味しい」。子どもの頃、母が作ってくれた家庭菜園の野菜は美味しかった。採れたて有機の小松菜、枝豆、トウモロコシの噛んだ時の優しい食感は、今でも忘れられない。柔らかくって、ほんのりと甘くて……。枝豆もトウモロコシも、虫食いをよけながら一粒一粒手にとって食べたものだ。

虫食い野菜を嫌がる主婦のために、市場に出す野菜には、農薬をこれでもかと言わんばかりに撒く農家が、今もあると聞く。農薬たっぷりの野菜を手に取ると、手触りがとても硬く、強ばっている。消費者が望むからとキュウリを真っ直ぐに矯正し、リンゴやみかんにワックスをかける。形の美しさや均一さ、色の鮮やかさを追い求めることによって、野菜が本来持っている個性は消え、あげくの果て、季節感も失われている。

有機野菜の葉物は、みずみずしくピンピンしているのに、触ると柔らかい優しさが伝わってくる。噛み応えも味もしっかりある。根菜類は、しっかり身が詰まっているのに、包丁を入れるとスーッと滑らかに切れる。食べるとしっとりしている。こういう野菜類に出あうと、生産者の

ペンネアラビアータ

トマトソースにちっとだけ手を加えただけなのに！

んたちはあまり話に乗って来なかった。玉ねぎの産地では、あまりにも身近な話題過ぎたのだろうか。

そんなある日、知多のマンションの近くに有機の玉ねぎを栽培している団体があると聞いた。何回も辺りをウロウロ探してみたが、どうしても見つからない。あきらめかけた頃、マンションの管理人さんと話をしていたら、息子さんがその農業組合法人「光輪」に所属しているという。何という奇遇！　こんな近くに関係者がいたなんて。

早速玉ねぎを分けていただき、トマトソースを作ってみた。にんにく（青森産）のみじん切りを弱火でゆっくり炒める。ちょっと色づき、いい香りがするまで炒めること。これをきっちりやると上品な出来上がりになる。みじん切りにした玉ねぎを加え、5分くらいゆっくり炒めていると、ねっとりしてくる。有機の玉ねぎ独特のあのねっとり、べっとり感。玉ねぎの旨み、甘みが充分出ている証拠だ。そこに潰したホールトマトを入れ、煮込むこと20分。

さーて、味見、味見。「ウーン、ウマイ！」期待通り。玉ねぎの旨味がトマトソースを深い味わいにしてくれたのだ。玉ねぎはこれに決まり！

私の玉ねぎ行脚は、これで終了。

難易度 ★☆☆
所要時間 20分

材料【2人分】

パスタ(ペンネ)…………120g
オリーブオイル…………大さじ1
赤唐辛子…………………1本(種を取り除く)
トマトソース……………1cup(4ページ参照)
パルメザンチーズ………大さじ1
パセリのみじん切り……大さじ1

作り方

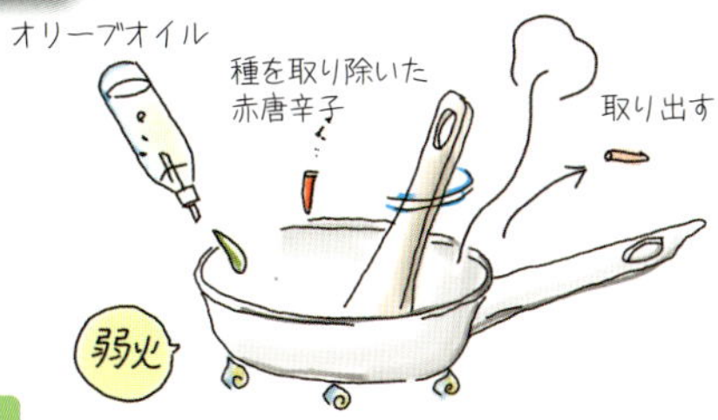

1
赤唐辛子の辛味をオリーブオイルに移す。

2
そこにトマトソースを加えて温める。

3
パスタは塩を加えた熱湯でアルデンテにゆであげ、ザルで水気をきる。ゆで汁は少量残しておく。

4
パスタをソースであえ、ゆで汁少々とパルメザンチーズを加えて混ぜる。
塩、こしょうで調味し、パセリを加えて手早く混ぜ、パルメゼンチーズを添えて食卓へ。

MEMO
＊赤唐辛子の量はお好みで。

やっと出あえた理想の玉ねぎ

私はかつて玉ねぎを探し求めていた。煮込み料理用の玉ねぎは、日本料理で言えば鰹節やコンブといったダシにあたる食材。旨みと甘味を引き出してくれる玉ねぎは、最も大切な野菜のひとつなのだ。有機栽培の玉ねぎは、この役割をうれしいくらい果たしてくれて、かつ優しい味にしてくれる。包丁で切っている時からその優しさが感じられるのがたまらない。

例年三月に入ると、その有機玉ねぎもだんだん手に入りにくくなる。その頃には新玉ねぎが出始めるが、新玉ねぎは煮込み料理にはまったく向かない。サラダ等で生食すれば瑞々しく美味しいのだが、煮込みにすると水っぽくてコクがない。そんなことから料理教室では、「玉ねぎとにんにくは古い方が価値がある。何でも若ければいいというものではない。人間も同じ」と言っている。

知多半島に「鳶茶屋」という釣り船の斡旋をする飲み屋さんがあった。地元の釣り好き、魚好き、そして酒好きのおじさんたちが週末になると集まって来るお店だ。知多にマンションを所有していたので、私もいつからかその店に顔を出すようになった。知多半島は玉ねぎの産地、例によって有機の玉ねぎを話題にしたのだが、来店客のおじさ

キャベツとアンチョビのスパゲティ

おしゃれな超簡単レシピは、いつもあなたの味方です

い」ということを知らされたのだった。熟練のシェフでさえ、心から満足した料理はなかなかできないというのに、何にも知らない新妻が……。無知だったのか、生意気さだったのか。それからは土井勝氏の本などから基本を覚え、テレビや新聞で知識を得ながら、料理と真摯に向き合うようになっていった。

夫はそのとき何を食べたかですって？

発売されたばかりのカップラーメンが日本橋の高島屋で売っており、新しもの好きの私は、たしか当時で一〇〇円もしたのにそれを買っておいたのだ。当時のお給料が4～5万円の時代だったから高価なものだ。それを夫は「ウマイ、ウマイ」と食べたのだ。ショックの追い討ち。

そんな思い出を料理教室の生徒さんに話したときのこと、「どうして最初からそんなに凝った料理を作ったんですか。焼き魚やお刺身みたいに手のかからないメニューにすればよかったのに」と。

ウーン……言えてる。

材料【2人分】

キャベツ……………………………………2枚(芯を取り除き、大きめに切る)
アンチョビ…………………………………2～3枚(細かくスライス)
EXVオリーブオイル………………………大さじ1
パスタ(スパゲッティーニ太さ1.6mm)…150g
塩、こしょう

作り方

1

一握りの塩を入れてスパゲティを茹で、茹で上がる3分前にキャベツを入れ、ザルにあげ、アンチョビ、EXVオリーブオイル入りのボウルに入れて混ぜ、味を確かめてから塩、こしょうをする。

MEMO

＊ヴェトナムのニョクナム、タイのナンプラー、日本のいしる等、お好みの魚醤をちょっぴりかけていただくと、乙なものになりますよ。

はじめがダメでも大丈夫

遠い昔のこと。新婚旅行から帰って現実の結婚生活がいよいよ始まったとき、夫はナント私の料理を食べなかったのだ。

若気の至りで、何でもできると錯覚していた25歳の新妻は、「料理なんて本を見ればできる」と甘く考えていた。「凝った料理でも作って驚かしてやろう」なんて張り切っていた。今となっては定かではないが、ビーフシチューのような煮込み料理だったと記憶している。本を見ながら作ったが、出来上がりがちっとも美味しそうに見えない。油が浮いている。何度味見しても美味しくない。時間が経てばちょっとはよくなるかと、おずおずと食卓に出した。

夫は一口食べて「うーん、何か変だな」と一言。そしてその後一口も食べなかった。

やっぱり……。

それにしても新妻が一生懸命作ったのだ。結婚前の「蝶よ花よ」は何だったのよ、とばかりに隣の部屋で泣いたっけ。私も美味しくないことは認めてはいるものの、ちょっとは我慢して食べてくれたってバチは当たらないのに。

悔し泣きしながら、「料理はそんなに甘いものじゃな

わが家のビーフシチュー

手の込んだ料理を褒めてもらえると本当に嬉しい！

わが家は友人、知人を家に招待する機会が多く、お招きするからには手料理を食べていただきたい。時には「何でこんな忙しい思いをして」と、作りながらドッと疲れることもある。でも、賑やかな食事の後、「美味しかった」と言ってもらうと疲れなど吹っ飛んでしまう。空になったお皿を見ると、ちょっとした達成感が味わえる。

ちょっと手間のかかる料理、材料費が張る料理は、おもてなし料理のお披露目用にする。料理は食べる人だけでなく、料理する人のチャレンジ精神も満足させてくれるというダブル効果があるのだ。

名古屋に住むようになってすぐ、夫が高校時代からお世話になっている〝ドクター・ジャズ〟こと内田修先生ご夫妻をご招待したことがあった。当時のわが家のキッチンはとても狭く、ガスオーブンも卓上のもの。それでもうれしくてオーブン料理をいろいろと試していた。そのとき初めてチャレンジしたのが〝ビーフシチュー〟。奥様がことのほか褒めてくださり、どんなにうれしかったことか。

夫に手料理を食べてもらえなかった新婚の頃から、五年の歳月が流れていた。

材料【4人分】

牛もも肉…………800g
牛脂………………少々
玉ねぎ……………1個半(スライス)
にんじん…………1本(千切り)
にんにく…………1片(みじん切り)
マッシュルーム…15個(食べやすい大きさに切る)
ブロッコリー……1個(食べやすい大きさに切り、さっと湯がいておく)
ブイヨン…………2cup(水2cup+固形スープの素1個)
赤ワイン…………1cup
ホールトマト……1.5缶(手でつぶす)
砂糖 ………………小さじ1/2
オリーブオイル、小麦粉、ローリエ

作り方

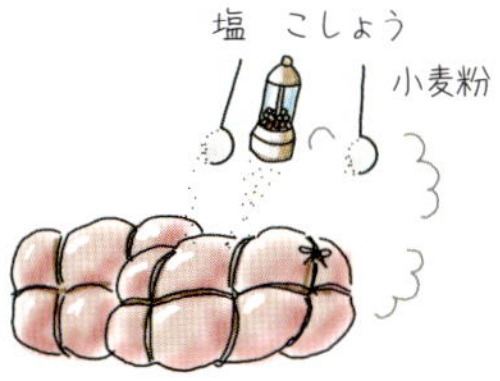

1
牛肉は塩、こしょうをしてから、たこ糸で縛り、表面に小麦粉をまぶし付けておく。

2
厚手の鍋に牛脂を溶かし、牛肉の表面に焼き色をつけ、皿にとる。

3
オリーブオイルを足し、弱火でにんにくを炒め、玉ねぎとにんじんを加え薄茶色になるまで炒める。

4
さらに小麦粉大さじ1を振り入れて、ワインを入れ2~3分煮て、アルコール分を飛ばす。

5
ホールトマト、ブイヨン、砂糖、ローリエを加えて煮立て、肉を戻し入れる。

6
ふたをして弱火で約1時間煮る。(焦げ付かないよう注意しすること)

7
肉に竹串を刺してみてすっと通るようになったら肉をとり出し、たこ糸をほどいて適当な大きさに切り分ける。

8
鍋の煮汁に塩、こしょうをして味を調え、マッシュルーム、ブロッコリーを入れ、7の切り分けた肉も入れて一度煮立て、器に盛る。

MEMO
＊3のにんにくを入れる時、鍋が熱いと焦げるので鍋底に水を充てるなどして冷やすこと。

チャレンジ精神を料理に

「私、お料理嫌いなんです」という主婦の方がいらっしゃる。

生活の一番大切な〝食〟を、好き嫌いで計れるものだろうか――。嫌いだからといって、避けられるものだろうか――。

私が料理に携わるようになったのは「好き」だったから？ いや、ちょっと違う気がする。喜んでもらいたいというのはもちろんだが、日常の営みの中で何かに挑戦したいという気持ちが、料理に、新しいレシピに、向かわせていたのではないかと思っている。

毎日が同じようなパターンで流れていると、人間どうしてもダレてくる。新しい料理にトライするということは、そんな気持ちを引き締め、生活に緊張感をもたらすという意味でとてもいいことだ。

料理は深い。レシピを知っているだけでできるものではない。一度上手にできても次回もうまくできる保証はない。しかし、慣れてくるといきなり本番でも結構うまくいくようになる。また少々の失敗は、誤魔化すコツが身についてくれる。

はまぐりのスパゲティ

日本には春になると深い味わいのはまぐりが出回ります

ストが住む倉庫街。

私には初めてのニューヨーク。初めはずいぶん戸惑ったものの、それは世界一魅力の詰まった大都市。あっという間に魅了されていった。

一番の楽しみは「食べること」。お隣のリトルイタリーで食べた〝リトルネック（蛤とあさりの中間のような貝）のスパゲティ〟のシンプルな美味しさにただただ感激。これがイタリア料理に目覚めさせてくれた一品だった。当時日本ではスパゲティと言えば、甘いトマトケチャップのナポリタンやミートソースが主流だったので、まさに衝撃的であった。

近年、久しぶりにその懐かしいレストラン『アンベルトス』に行ってみた。昔より大きな店になって頑張っていたのだが、残念ながら昔ほどの感激は得られなかった。

向田邦子さんのエッセイ「昔カレー」の一節に、「思い出はあまりムキになって確かめないほうがいい。何十年もかかって、懐かしさと期待で大きくふくらませた風船を、自分の手でパチンと割ってしまうのでは勿体ないのではないか。」とある。

本当にその通りだった。

材料【4人分】

はまぐり………………600g（よく洗う）
にんにく………………1片（みじん切り）
玉ねぎ…………………1/3個（みじん切り）
長ねぎ…………………1/2本（小口切り）
パセリのみじん切り…大さじ4
赤唐辛子………………1本（種を取り除く）
白ワイン………………100cc
オリーブオイル………大さじ2
パスタ（フェデリーニ太さ1.4mm）…300g

作り方

1
鍋にはまぐりとワインを
入れ、ワイン蒸しにする。

2
口が開き始めたら火を止めて、
貝から身を取り出し、身が乾かない
ようにスープの中に入れておく。

3
別鍋にオリーブオイルとにんにくと赤唐辛子を入れ、
にんにくがきつね色になったら玉ねぎ、長ねぎを加える。

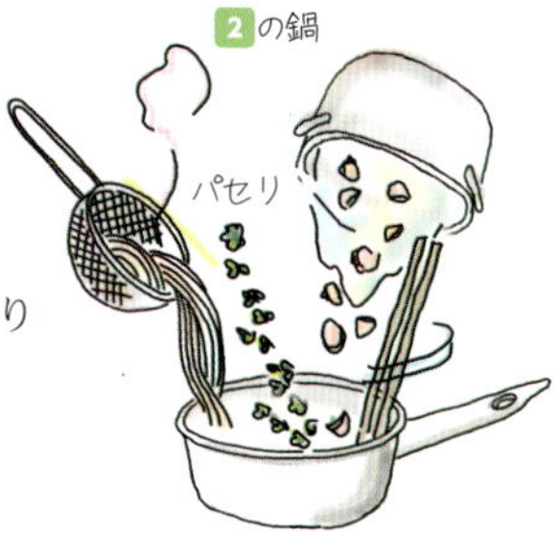

4
そこに2を加え、
アルデンテに茹でた
スパゲティとたっぷり
のパセリを手早く
混ぜる。

MEMO
＊春は蛤だけでなくパセリも柔らかで香りも最高です。たくさん入れて春を満喫しましょう。

イタリア料理に目覚めさせてくれた ニューヨーク

私たち夫婦は結婚後、新宿区戸山町に住んでいた。三年目、夫が急に「CBSソニー（ソニー・ミュージック）でやることは全部やった。名古屋に帰って家業を継ぐ」と言い出したのだ。当時夫はジャズのディレクターとして働き、いつも夜を徹して仕事をしていたのに。

私たちはアメリカのCBSレコードとソニーがジョイントした会社・CBSソニーの新卒第1期生。半年前に誕生のホヤホヤの会社には、期待と希望とエネルギーが満ち溢れていた。社長の大賀典雄氏の30代を始めとして社員は皆若い。私は洋楽のプロモーション担当。何しろ新しい会社、今までの路線が敷かれていないので何をやってもいい。どうやったら局にタダで新曲をかけてもらえるだろうかと考えあぐねては、実行していた。仕事はますます面白くなっていったのだが……。

宮仕えを辞め自由の身になった私たちは名古屋に移る前にアメリカとヨーロッパへ半年旅行に出発することにした。ニューヨークではソーホーにアパートを借りた。今ではファッション界の憧れの街だが、当時は多くのアーティ

地鶏と野菜の煮込み

鶏ガラスープのコラーゲンが優しい味にしてくれます

美味しいのだから骨だって良いに決まっているということか。ブロイラー君にとっても、あの飼われ方は気の毒な話。身動きもできないスペースに閉じ込められ、病気がちだからと抗生物質をどっさり与えられ……。ドイツではこれでは鶏が可哀想だからと、近い将来ブロイラーの養鶏を禁止するという。「鶏の身になって」というあたり、ドイツは本当の意味で先進国だと思う。

アクが出尽くしたところで、玉ねぎとにんじんを入れる。後は4時間煮るだけ。しかし、ここで気を緩めてはダメ。鶏ガラスープの一番難しいのは火加減なのだ。私は、マスターするのに10年くらいかかった。

4時間後、以前の勇ましい？姿が見るも無残、ボロボロに砕けてしまった鶏ガラ。お陰でいいスープができました。漉《こ》したスープはコラーゲンたっぷりのきれいな色をしている。それを小分けして冷凍庫に保管する。これでしばらくは安心である。

それを食べているわが家族だから、いつまでも健康で若々しくてゴメンナサイ（笑）。

材料
【4人分】

地鶏の骨付きもも肉………2本
玉ねぎ…………………………1個(半分に切り、さらに半分に切る)
ナス……………………………2個(4筋に皮をむき、4つに切る)
ピーマン………………………2個(種をとり、半分に切る)
しめじ…………………………1パック(食べやすい大きさにする)
トウガン………………………300g(皮とわたをはずし、食べやすい大きさに切る)
ホールトマトのトマト……4個
にんにく………………………1片(みじん切り)
鶏ガラスープ…………………2cup
白ワイン　大さじ2
強力粉、揚げ油

作り方

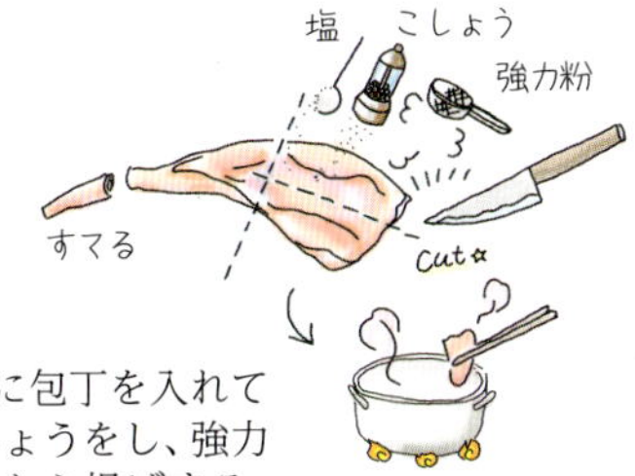

1
鶏のもも肉は関節に包丁を入れて3つにし、塩、こしょうをし、強力粉をつけ、サッとから揚げする。(煮込むので中まで火が通らなくてよい)

2
ナスもサッと油通しする。

3
オリーブオイル大さじ1でにんにくを炒め、さらに玉ねぎを入れしんなりさせる。

4
中火にして野菜類を入れサッと炒める。

5
鶏を入れ、白ワインをふりかけ、アルコール分を飛ばし、鶏ガラスープと水をヒタヒタになるまで入れ、煮立ったらアクを取り、15分くらい煮込む。

6
さらにナスを加え、5~6分煮て塩、こしょうで味を調え、でき上がり。

MEMO
＊もも肉は関節が2ヶ所あるので、そこに包丁を入れるとスーと切れます。
＊鶏ガラスープは固形のスープの素で代用もＯＫ。

なくてはならない鶏ガラスープ

私は実年齢よりちょっぴり若く見えるらしい。昔はそれがとても嫌だったが、この齢になるとそう悪くない。

どうして若く見えるのか？　その秘訣は食生活にあるのかも知れない。　自然が美味しい、自然が一番　をモットーに自然なものを求めている、毎日の食卓に答えがあるのかも知れない。

化学調味料を使わないわが家では、中華に日本にイタリア料理にと、鶏ガラスープは必需品だ。特に鍋物には欠かせない。さて今日は鶏ガラスープ作りの日、鶏のガラを15本ほど買ってある。最近は〈名古屋コーチン〉のガラを使っている。

まずガラに付着している肝、脂、皮をきれいに取り除く。次に、鶏ガラは寸胴に入れた網の中に重ね、水をヒタヒタに入れ、煮立たせる。煮立ってきたら、しばらくアクと脂を取り続ける。

〈名古屋コーチン〉はアクが非常に少なく、嫌な臭いがしない。ブロイラーのガラだと、「さぞかしご近所に迷惑をかけているだろう」と心配したものだった。地鶏は肉が

ミートローフ

手軽にできて見た目も豪華なすぐれもの

さらに高級店ほど（身銭を払う場合）、「さあ、美味しいものを食べに行くぞ」と身構え、期待を込めて一品、一品を楽しんでいく。だからよけい美味しく感じられる。いや感じなくては損をする。そんな気持ちが潜在的にあるのだと思う。

家庭では毎日身構えていては身が持たない。家庭料理とレストランとは出発点から違うものなのだ。

子どもたちも独立し夫婦だけの今、気分転換したいときや疲れたときには、気軽に外食をしている。けれど自分の誕生日と結婚記念日には、「自分へのご褒美」ということもあり、ちょっとリッチなお店に、とリキが入る。日常生活から解き放たれ、お酒も手伝って、

「美味しかった、また明日から頑張ろう」

とちょっぴり幸せな気分でレストランを後にするのである。

材料【4人分】

牛ひき肉……500g
ベーコン……6枚
玉ねぎ………1/2個
　　　　　　(みじん切りにして、炒める)
パン粉………1/2cup
　　　　　　(牛乳に浸しておく)
卵……………1個
ナツメグ
デミグラスソース

作り方

1
ボウルにひき肉を入れ、玉ねぎ、パン粉、卵、塩、こしょう、ナツメグを入れてねばりが出るまで手でよく混ぜる。

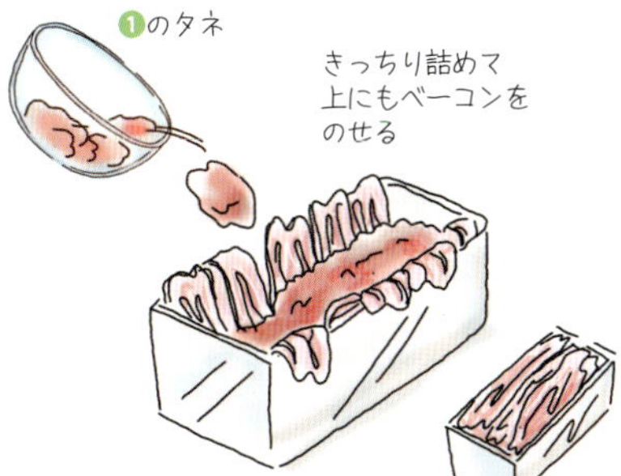

2
パウンド型にベーコン4枚を敷き、1のタネをきっちり詰めて平らにし、蓋をするようにベーコンを2枚表面に置く。

3
200~220℃に温めたオーブンに約50分入れる。(竹串を刺して透明な汁が出てくるようならOK)

4
10分ほどアルミホイルをかぶせて休めせ、パウンド型から出して切り分け、デミグラスソースと食卓へ。

MEMO
＊デミグラスソースの作り方は133ページ参照。
ミートローフから出た汁(油分は除く)を加えると、さらに美味しくなりますよ。

家庭料理とお店の料理

わが家は家庭料理の定番ともいえるハンバーグが好き。しかし、ハンバーグは焼き加減が結構難しい。そこでフライパンかパエリア鍋で焼き色をつけたら、鍋ごとオーブンに入れている。最近は〝ミートローフ〟にすることが多いかな。私が外出しても、夫は〝ミートローフ〟を適当に切って、デミグラスソースをかけ、そのまま電子レンジであたためればいい。

毎日食べる家庭料理というのは、不思議なことに飽きがこない。どんな高級なレストランでも高級料亭でも、毎日食べたら飽きるのに。プロの料理というのは、毎回同じ味でなければいけない。それでこそプロといえるのだから。しかし、どんなに美味しくても、毎日同じ味ではいつか飽きてしまう。家庭では、毎日がちょっとずつ違った味になってしまう。それが逆に飽きないということなのだろう。

またレストランでは一口食べて、「ウン、旨い」と唸らせ、ある種のショックを与えたい。だから自然と味は濃くなる。家庭では全部食べて、「ああ、美味しかった」と言ってほしいので、味が濃くてはいけない。

渡り蟹のスパゲティ

ちょっと贅沢な渡り蟹が、贅沢な気持ちにしてくれます

末、たった六ヶ月でレストランを閉めることにした。素晴らしいレストランを作れば、客は自然に集まってくると思ったのは、大きな間違いだった。衝撃を受けて、初めてビジネス感覚の無さと、自分がこの土地にきちんと向き合っていないことを知った。東京に心が向いている自分を知った。

しかしこの大失敗は、私には大きな意味があった。名古屋にきちんと目を向け、本当の意味でこの土地に住む覚悟ができたように思う。私のような生意気な人間には、あれぐらいの衝撃が必要だったのだろう。

そんな人生最大の挫折を味わっていた頃、東京の友人が元気づけようと、私の好きなイタリアンレストラン『ラ・パタータ』に誘ってくれた。食欲も元気もなかったが、柔らかい湯気のたった”蟹のスパゲティ“に心を奪われた。こんなに打ちひしがれた心をも、暖かさと安らぎで癒してくれる食べ物の力に私は感激していた。食べ物が好きで始めたレストランでは失敗してしまったが、いつまでも食べ物に関わっていたいと密かに思いを抱いた。心が沈み、ほとんどのことが記憶の外に追いやられているなか、この瞬間だけが、ピンスポットを当てられたように、脳裏に焼きついている。

難易度　★★☆　**Pasta**
所要時間　40分

材料【4人分】

生の渡り蟹…………………1ぱい
にんにく……………………1片(叩きつぶす)
赤唐辛子……………………1本(種を取り除く)
パセリのみじん切り………大さじ2
トマトソース………………1cup(4ページ参照)
パスタ(リングイーネ)… 300g
白ワイン……………………1/2cup
ブランデー…………………少々
あさりのだし………………1.5cup
オリーブオイル
EXVオリーブオイル

作り方

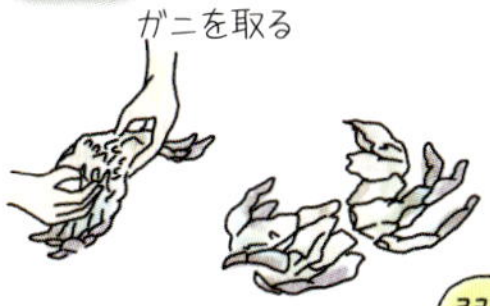

1
蟹はガニを除いて、足を切り離して食べやすいようにぶつ切りにする。

2
オリーブオイルでにんにくと赤唐辛子を炒め、にんにくが色づいたら取り出す。

3
蟹を入れて強火でしっかり焼きつけ、ブランデー、白ワインを加えてフランベし、アルコール分をとばす。

4
あさりのだし、トマトソース、パセリを加えて煮立て、10分ぐらい煮る。

5
アルデンテに茹でたリングイーネとからめ、(汁が足りない時はパスタのゆで汁を加える)仕上げにEXVオリーブオイルをかけて食卓へ。

MEMO
＊あさりのだしの作り方
鍋にあさり300gとかぶるくらいの水を入れ、煮立ったらあさりを取り出し、半量になるまで煮詰める。(あさりは他の料理に使うように)。
春のあさりは味が濃いので、煮詰めて冷凍にしておくと便利。ラーメンの汁に加えてもよし、キムチ鍋に入れてもよし。

人生に無駄なことは何もなし

土地になかなか馴染めない人がいる。私もその一人だった。ずっとモヤモヤしていた。子どもたちも順調に育ち、やっと何かをやれるという思いが募っていた。夫は家業のパン製造のために名古屋に帰ってきたものの、天性のものが疼《うず》いてきたのだろうか、まもなくジャズのプロデュースもいきいきとやりだした。ひとり名古屋に取り残された気分で、「何もかも私にやらせて……」と不在がちの夫が羨ましかった。

「じゃあ、私は何がしたいの？　何ができるの？」自問自答を繰り返した。そして「レストランをやろう」という結論に達した。

決めてからは早かった。初めての経験で七十六坪のレストランは、ちょっと無謀かもしれないという不安がよぎる。毎日が不安と疲労の連続だったが、開店に向けて希望に満ちてもいた。やがて、シンプルで開放感のあるレストランが仕上がっていった。いよいよ開店。これからが本番なのにもう私には戦う体力が残っていなかった。いや、はじめから開店までしか頭になかったようだ。

開店からは、眠れない、食べられないの毎日。葛藤の

ペスカトーレ

貝類が美味しくなる春に作りたい！

なく息子の顔はニキビだらけとなり、無意識にボリボリ体を掻くようになっていた。

息子が大学に入学してホームステイを出てからは、手作りのものを送るようになった。ありがたいことに、その頃に〈クール便〉という便利な輸送手段ができていた。

息子の好きなイタリア料理に、ついでだからと〝おから〟や〝おでん〟、あれもこれもと段ボールに詰めて月に二回ほど送った。金欠状態になったのか、ある日請求の電話が入る。「あんなに送ったのに」と聞けば、お客（彼女？）と食べたのですぐ無くなってしまったという。

「今度は〝ペスカトーレ〟を送ってほしいんだけど」

〝ペスカトーレ〟ソースはスパゲティにしてよし、ご飯を入れて即席リゾットにしてもよしとのこと。どんなに忙しくとも、喜んで送っていたあの頃が懐かしく思い出される。

私の体質を受け継ぎ、何度かジンマシンに悩まされたことのある息子は、長い期間、薬の投与を余儀なくされていた。今ではお嫁さんの手作り料理のお陰もあって、ほとんど改善されたようだ。「自然が一番」「手作りが大切」とこだわり続けているのは、こんなことがあってのことでもある。

材料【4人分】

イカ……………………………1杯(内臓を取り除く)
ホタテ…………………………4個
有頭海老………………………4尾(背ワタを取り除く)
大きめのあさり………………300g
ホールトマト…………………400g(手でつぶす)
にんにく………………………1片(みじん切り)
赤唐辛子………………………1本(種を取り除く)
白ワイン………………………大さじ3
オリーブオイル………………大さじ2
パセリのみじん切り……大さじ2
パスタ(リングイーネ)…300g

作り方

1
イカの胴は皮をむいて輪切りにし、
足はみじん切りに、ホタテは4等分に、
エビは背に包丁を入れて2等分にする。

2
フライパンに
オリーブオイルと
にんにく、赤唐辛子を
入れ、炒める。

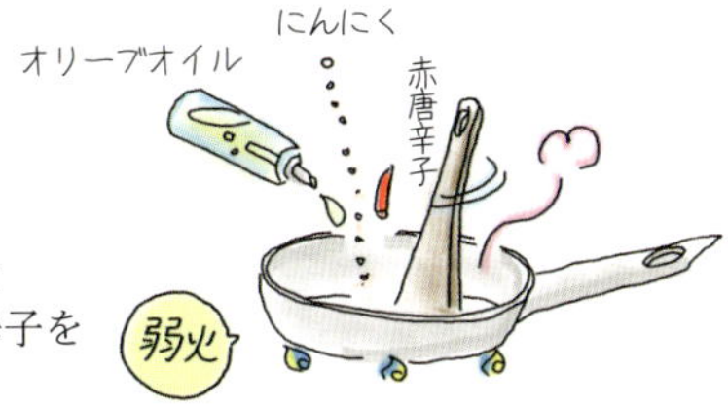

3
魚介類を入れ、
白ワインを加えて
アルコール分をとばす。

4
パセリ、ホールトマトを
入れ、蓋をして貝類の殻が
開くまで煮る。
貝の殻が開いたら蓋をとり、
少々煮詰める。

5
アルデンテにスパゲティをゆであげ、
ゆで汁少々を残してザルにあげて水気をきる。

6
スパゲティを加え、塩、
こしょうで味を調え、パセリ
を散らす。(ソースが足りな
い時は、ゆで汁を加える)

やっぱり手作りが大切

息子は41歳、もういい父親になっている。

ずいぶん昔のこと、息子が高校入学のため家を出ることになった。いよいよ高校のある埼玉県本庄に向かう息子を見送った時の、やり場のないやるせない気持ちは、思い出すと今でも胸が締めつけられる。

何か気のきいた言葉をかけてやりたくても、思い当たらない。出発の時間だけが、刻々と迫ってくる。そして、とうとう新幹線で行ってしまった。夫と娘と三人、無言のまま車に乗り込み、閑散とした家に着いた。その日の夕食は、まるでお通夜のような静けさだった。

それからはしばらく、美味しいものを食べると、「壮志(息子)にも食べさせたい。私たちだけで申し訳ない」と心に呟いていた。

わが家の食卓には「自然が一番」という信条があり、昔からインスタント食品と化学調味料を極力食べさせていない。ところが息子のホームステイ(寮)は土日祝日は食事が出ず、やむなく電子レンジで温めればすぐ食べられるインスタント食品や、レトルト食品を送らざるを得なくなった。今まで避けていたそんな食生活が影響したのか、ほど

ミートボール入りミートソース

みんな大好きなミートソースにミートボールを加えたご馳走です

インテリア・デザイナーのH女史が、わが家を訪ねてくださったことがある。彼女は開口一番、「この家はアメリカの匂いがする」と言った。今、ハッと気がついた。彼女が言った匂いとは、家に染み込んだ食べ物の匂いだったのではなかったか。

にんにくをゆっくり香り高く炒めた回数は数知れず、トマトソースを使って数々の料理に変身させたことも数知れず、オーブンを使う料理も多い。これらの匂いが家に染み込んでいたのではないか。家にはそんな家庭の味が染み込んでいるものなのだろう。願わくばたくさんのおふくろの味が染み込んだ家でありたいものだ。

もし息子に「おふくろの味は何？」と尋ねたら「ミートボール入りミートソース」と答えるかな。幼いころからよく作っていたし、学生時代にもよく「クール便」でアパートに送っていたから。わが家のレシピは、ニューヨーク在住のイタリア三世のマンマの味をベースにしている。ミートボールにたっぷりのパルメザンチーズを入れているところがミソだ。

おふくろの味を持つ子どもは、決して親を粗末にすることはないと信じている。おふくろの味を持った夫は、少々厄介なものだが。

材料【5〜6人分】

ミートソース
- にんにく……………1片(みじん切り)
- 玉ねぎ………………1/2個(みじん切り)
- ベーコン……………3枚(千切り)
- セロリ………………1/2本(みじん切り)
- マッシュルーム……10個(太目のスライス)
- 牛のひき肉…………50g
- ホールトマト………800g(手でつぶす)
- トマトペースト……大さじ1
- ローリエ、パセリのみじん切り、オリーブオイル

ミートボール
- 牛ひき肉……………250g
- 卵……………………1/2個
- パン粉………………1/2cup(牛乳に浸す)
- パルメザンチーズ…大さじ2
- 塩……………………小さじ1

パスタ(スパゲッティーニ太さ1.6mm)
………………………300g

作り方

1
ボウルにミートボールの材料を入れ、よく混ぜ、食べやすい大きさのミートボールを作る。

2
オリーブオイル大さじ1でにんにくを炒める。

3
玉ねぎ、セロリを入れて炒め、ベーコン、牛ひき肉、マッシュルームを加えて炒める。

4
ホールトマト、トマトペースト、ローリエを入れたら煮立たせ、アクをすくい、塩小さじ1、こしょうを加える。

5
フライパンにサラダ油をひき、ミートボールの表面を焼く。

6
ミートソースの鍋に5を入れ約30分煮込み、最後に塩、こしょうで味を調える。

7
アルデンテに茹でたスパゲティを器に盛り、ソースをかけ、パセリを散らし、パルメザンチーズを添えて食卓へ。

わが家の匂い

今は亡き愛犬ナンシーと散歩していた秋の夕暮れのこと。家族は出払っており、私一人で夕食という気楽な時間だった。気高く、まっすぐ前を向いて歩いている犬もいるというのに、ナンシーはいつも忙しく地面に鼻をこすりつけている。子犬の頃は、植物に興味がある賢い犬かと思っていたが、ただ他の犬の臭いを求めていただけのようだ。

いつもはそんなナンシーを追い立てるようにしていた私も、その日はゆったりした気分で歩いていた。夕食の支度にかかっているのだろう。ガチャガチャとお皿のぶつかる音、水を流す音が聞える。そして、どこからかいい匂いが漂ってきた。醤油と砂糖が醸し出すあのいい匂い。そう、カボチャを煮た時の匂い。もう少し進むと、「あー、たまらない！」すき焼きの匂い。すき焼きは一家団欒の匂いなんだなあ。私は今日は一人だけれど、いつも独りで食べている人は、もっと羨ましく感じるかもしれない。

食べ物の匂いのする家に帰るのは幸せなこと。夫も子どもたちも、それなりに社会と戦っているのだ。夕食の匂いがどれほどの安堵感を与えるか、主婦はもっと真摯に受けとめなければならないだろう。

豆入りミネストローネ

具だくさんのスープに豆を入れると、おふくろの味になるから不思議

をしていた。母親に認められるのはうれしいものである。

「頑張るか！」という気持ちになった。

そんなこともあってか、私も子育ての時は親バカぶりを発揮して、子どもの長所をオーバーなほどにほめた。どんな子どもでも、必ず何か自慢できるものを持っている。運動神経がいい、記憶力がいい、思いやりがある、声がいい。それを本人にもその友達にも、さりげなく言う。ネガティブな面は本人とじっくり話し合えばいい。

もうひとつ、母から学んだのは、毎日の食事をきちんと作ることである。浦和に育った私の子ども頃は、お蕎麦屋さんの出前ぐらいはあったものの、近所に外食ができるようなお店はなかった。外食嫌いの母は、便利な世の中になっても、ずっとこまめに台所に立っていた。そのお陰で父も98歳という高齢まで元気に生きられたのであろう。

無農薬の野菜の優しい美味しさを知ったのも、母の家庭菜園のお陰である。添加物が嫌いなのも、本物の味を食べさせてくれたからである。

長きにわたり母に反抗し続けてきた娘であったが、今は感謝の気持ちでいっぱいである。

材料【5〜6人分】

茹でた豆(いんげん、とら豆等)……………………………1cup
じゃがいも……………1個(1cm角に切る)
にんじん………………1/2本(1cm角に切る)
セロリ…………………1/2本(1cm角に切る)
キャベツ………………3枚(1cm角に切る)
玉ねぎ…………………1/2個(1cm角に切る)
いんげん………………5本(1cmに切る)
にんにく………………1片(みじん切り)
ベーコン………………2枚(細切り)
トマトソース…………1cup
固形スープの素………3個
ローリエ、オリーブオイル

作り方

1

厚手の鍋にオリーブオイル、にんにく、ベーコンを入れ、炒める。

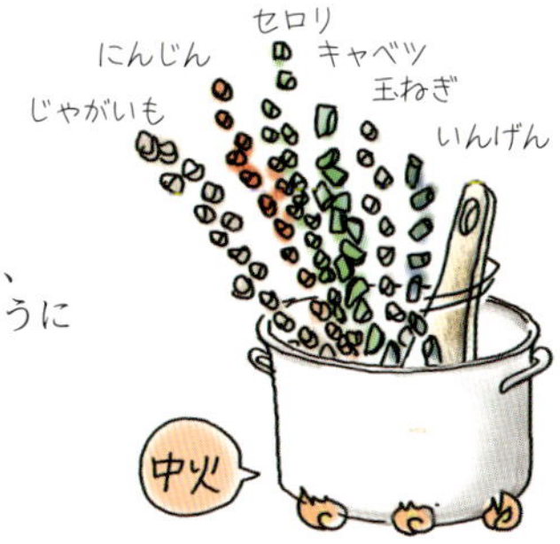

2

野菜を次々に入れ、野菜に油が回るように炒める。

3

水をヒタヒタになるくらいまで入れ、トマトソース、固形スープの素、ローリエ、豆を加え約25分煮込み、塩、こしょうで調味する。

MEMO

＊野菜は冷蔵庫で眠っている白菜、カブ、チンゲン菜等何でもＯＫ。冷蔵庫のお掃除にもなり、一石二鳥ですよ。

母に学ぶ食の本義

埼玉の浦和の母が亡くなって、もう六年が過ぎた。何でも自分でやっていた母だったが、94歳の誕生日を間近に控え、玄関で転んで歩けなくなってしまった。いつになく心細げな電話を受け、帰ってみると、しっかりした口調で財産のこと、形見のこと、最期に着る着物のことまで指示をした。それからまもなく、治らないと自覚し、薬も水を飲まなくなり、そして静かに息を引き取った。

母は強い人だった。若くして（昔は皆そうだが）結婚し、長男を抱えながら心臓病を患い、信仰によって救われたという。神様がついていて下さるという思いは、亡くなるまで母の中で強く続いた。その強さには閉口したものの、見習うべき点はたくさんあった。

そのひとつは、何事からも逃げず、正面からぶつかっていく、ポジティブな生き方である。

私に対しても、やりたいということには何でも応援してくれた。もう一度大学受験をしたいと言った時も、レストランを始めようとした時も、母は助力を惜しまなかった。中学生の時だったと思う。玄関で知人と話している母の声が聞こえてきた。自慢話とも受け取れるほめ方で、私の話

地鶏のわが家風トマトソース煮込み

生ハムが鶏肉をしっかり引きたててくれるのです

ず。「40過ぎたら自分の顔に責任を持て」と言われる所以なのだ。「素敵な人」になるには、毎日の生き方そのものが問われるのだ。そして、うれしいことに死ぬまで、有効なのだ。

中高年の〝素敵さ〟を食べ物にたとえると何だろう？　あるある、生ハムが。イタリアやスペインの熟成を重ねた生ハム。メロンやいちじくにほんの少しの生ハムをのせると、デザートでしか食べない果物を、りっぱな前菜に変身させてしまう。日本ではあまり見かけない食材だが、仔牛（私は代わりに豚フィレや鶏で代用）に生ハムを合わせると、柔らかな肉の食感を引き立たせてくれる。生ハムの塩気の利いたもっちりした歯ごたえと豊かな風味が、他の材料の長所を際立たせているのだ。

私たちも、これからは生ハムのように、陰にまわって若い人材を育成していかなければならない。そのためには、「素敵な人」でなくては誰も耳を傾けてくれない。

材料【5〜6人分】

地鶏のもも肉………………2枚
　　（1枚を4つに切り、塩、こしょうする）
ナス…………………………2個
　　（2〜3mmの厚さに切る）
生ハム………………………8枚
モッツァレーラチーズ……80g（8枚に切る）
トマトソース………………2cup（4ページ参照）
オリーブオイル、塩、こしょう

作り方

1
ナスを水に10分くらいつけてアク抜きし、水気をしっかりとっておく。

2
フライパンにオリーブオイルを入れ、鶏肉の皮目から焼き、表面がきつね色になったら取り出し、余分な油は捨てる。（後でオーブンに入れるので中まで火が通っていなくてよい）

3
オリーブオイルを足し、ナスの両面をソテーし、軽く、塩、こしょうをする。

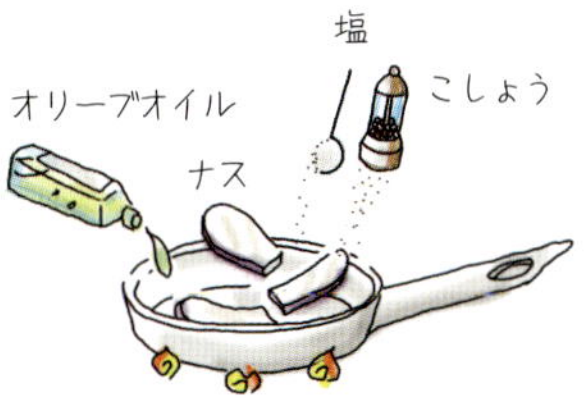

4
耐熱皿に鶏肉を並べ、上に生ハム、ナス、モッツァレーラチーズを重ねて、最後にトマトソースをたっぷりかけ、オーブンで焼く。

MEMO
＊〈オイルをできるだけ少なくする工夫〉ナスの片面にオリーブオイルを均等に吸わせて焼き色をつけ、裏返したらオイルの代わりにお酒をかけて、しんなりさせると半量ですみます。

素敵がいいな

40代の頃、「いい女」と言われたかった。「いい女」とは「いい人」であって、その上に女としての色気を兼ね備えているということなのだろう。色気に欠ける私には、それが憧れだった。しかし、この歳になってしまうと、「いい女」はあまりにおこがましい。

ある雑誌に、おそらく70代であろう、白髪の和装の女性が載っていた。とても知的で品があり、柔らかな印象。思わず「この人、素敵ね」と友人に声をかけた。そうだ、「素敵な人」がいい。「素敵」ならしっくりいく。

若い女性は、「きれいな人」「可愛い人」と外見重視の褒めかたをされる。私たちの年代になるとどうか。引力に長年さらされたせいか、下に下にと肉が落ちてゆく。髪ももう黒く戻ることはなく、気がつくといつのまにかできているシワの数々……。それらを考え合わせると、外見で判断されないようにするのが得策である。せいぜい無駄に太らないよう気をつけ、食べ物で健康的な肌を保ち、服装をセンスよく着こなすくらいで精一杯。ところがところが、内面には経験から得た豊富な？知恵がある。積み重ねられた？知識もある。これらが全て表情になって出ているは

豚ロースのカツレツ

しっかりオーブンで油切りするとさっぱり味に

「ビール腹」とはよくいったもの。

三、間食をしない。

間食は習慣。やめ続ければ間食しないようになるもの。

四、「もったいない」は思い切ってやめよう。

残すのはもったいない、子どもの残したものももったいない、と食べていると胃はますます拡大していく。

五、ウエストがゴムのスカート、パンツははかない。

伸び縮みの効くゴムは楽。それに経済的かもしれないが、一度はいたら手放せなくなり、そして……。ゴムはパジャマだけで充分。

六、時にはシャキッとおしゃれをして出掛ける。

いつもの着やすいパンツではなく、できたらスカートとヒールを履いて、おしゃれをして外出する。緊張感を持つことは大切なこと。輝いた自分を鏡に映し、「けっこういい女じゃん、私もまだまだイケル！」と勝手に思うのも大事。

なんて思っていたら、この頃はウエストラインなんてエラソーなこと言えなくなっている。どうしよう！

材料【4人分】

豚ロース(100g)……………………4枚
じゃがいも…………………………3個
レモン………………………………1個
牛乳…………………………………100cc
バター………………………………20g
パン粉、小麦粉、卵、サラダ油
簡単デミグラスソース
　デミグラスソース(市販)……70g
　トマトソース……………………100cc
　赤ワイン…………………………100cc
　ウスターソース、しょう油…各少々

作り方

1

マッシュポテトを作る。
じゃがいもは皮つきのまま茹で、熱々のうちに皮をむき、裏ごしし、鍋に入れ、バター、牛乳を入れ、中火で滑らかなマッシュポテトにし塩、こしょうで調味する。

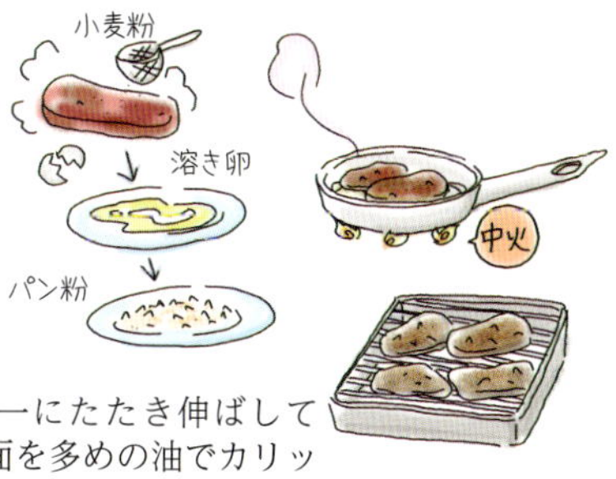

2

豚ロースは均一にたたき伸ばして衣をつけ、表面を多めの油でカリッと焼く。(後でオーブンで焼くので中まで火を通さなくてもよい)

3

デミグラスソースを作る。
小鍋に材料を全部入れ、5~6分煮る。

4

2を200～220℃のオーブンで約10分焼く。

5

皿にマッシュポテトをしき、その上に熱々のカツをのせ、調理したデミグラスソースをかけ、レモンを添えて食卓へ。

ウエストラインを保とう

人によって多少違いがあるものの、40代後半までには誰でも太ってくるものだ。私の場合も、若いころは夜中にガンガン食べようが、体重はいっこうに変わらなかった。それが40代半ばになると急にサイズが違ってきた。

もう子どもたちも手が掛からなくなり、身体的に楽になったからか……。ホルモンのバランスが崩れてくるからか……。肉のつき方が違ってきたからか……、いずれにせよ少しずつウエストが太くなってきた。万事がカジュアル化しているこの頃、楽に着られる服を好むのもウエストラインが消えてゆくのに一役買っているようでもある。

では、どうしたらよいか？ 自分のことは棚に上げて、その対処法はというと、

一、食べる量をお腹に聞くのでなく、目に聞く。
　欲望の赴くままに食べるのではなく、「このくらいの量で十分」と適量を目で決めていくうちに、胃が自ずとその大きさになっていく。

二、アルコールは適量。（これは特に私に言い聞かせているのだが）
　アルコールも量を飲めば太る原因。とくにビール。

ハーブ入りローストポーク

パーティなどの人が集まる時の強い味方です

あまり常識の枠にとらわれない私だが、結婚はしたほうが良いと思っている。昔は町内に世話焼きなおばさま族がいて、独身の男女と見れば結婚相手を世話したがったものだ。今やそのおばさま族もカルチャーセンターやパートタイマーで忙しく、人の世話など焼いている暇がない。やっとまとめたカップルも簡単に別れられてしまっては、やる気が失せるのも分かる。いつの間にか、そんな世の中に変わってしまった。

最近の男性は、兄弟が少なく母親の過保護のもとで育っているせいか、私には何か頼りなく見える。女性のほうも結婚年齢が高くなり、かつ様々な情報を簡単に知ることができるようになったことも手伝って、「ああであってほしい、こうであってほしい」と結婚相手への要求が多い。

ずいぶん世の中は変わったけれど、人間そのものはちっとも変わっていないはず。「今は親が健在でいいけれど、いなくなったらどうする？　人は一人では生きていけないのよ。絆の一番強い自分の家庭を作らなくては」と、私はいまでも生徒さんたちに言っている。〝個〟になりすぎる昨今だからこそ、家庭の温かさ、支えが必要なのだ。

材料【6〜7人分】

豚ロース肉の塊………………1kg
にんにく………………………1片(みじん切り)
パセリのみじん切り…………大さじ4
ローズマリーのみじん切り…小さじ1
オリーブオイル

作り方

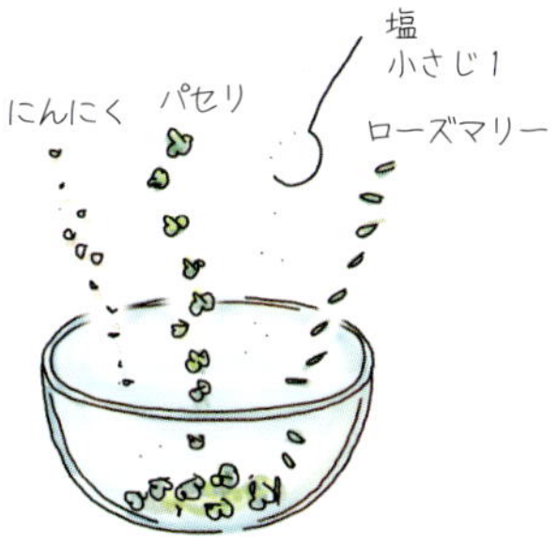

1
にんにく、パセリ、ローズマリー、塩を混ぜ合わせておく。

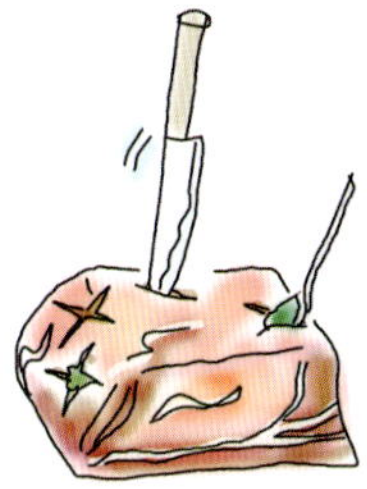

2
豚肉の各面に 2〜3ヶ所ずつナイフでX印の穴を開け、1を詰める。

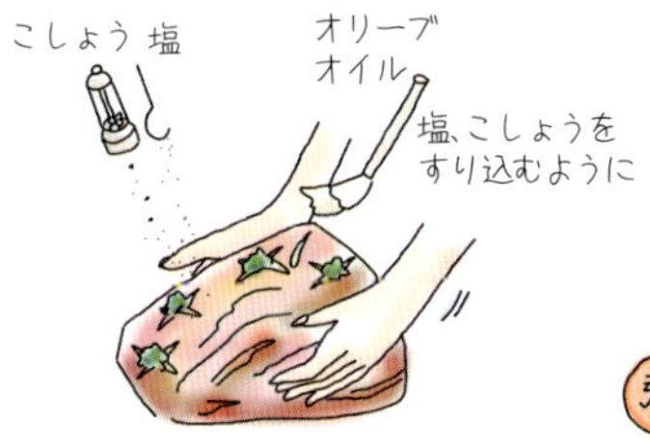

3
肉の全面に塩、こしょうをすり込み、オリーブオイルを塗って30分ぐらい置いて味をなじませる。

4
フライパンに大さじ1のオリーブオイルを入れ、豚肉の全面に焼色をつける。

5
200〜220℃のオーブンで40〜50分焼く。
竹串を刺して透明な汁が出るようだったら焼き上がり。
アルミホイルに包んでしばらく置いてからスライスする。

MEMO
＊オーブンプレートの上に網をのせて焼くと、余分な脂が落ちてヘルシーですよ。
＊アルミホイルに包んでおくと、ジワーと煮汁が出てきます。美味しい煮汁ですのでスライスにかけて召し上がれ。

昨今の若い男女

料理教室を始めてから22年になるが、何年か経った頃から、あることがとても不思議に思えてきた。私の教室にはとても素敵なお嬢さんが多いのに、皆ちっとも結婚しないのだ。いやできない？のか。一ヶ月に一回の教室なので、あっという間に年が過ぎてゆく。誰に言われたわけでもないのに、私は何か心苦しさを感じるようになっていた。そこで考えた。

「出逢いの場を作ろう。イタリア家庭料理を食べながら、グラスを片手に心ゆくまで語り合う大人のパーティーを！」

不安だった男性の参加者も、ふたを開ければ何と10人が参加、女性も同じ10人。全員に渡すメールアドレスと携帯電話の番号入り参加者リストも完成。待ちに待った当日、私のテンションは最高に上がり、男性にハッパをかけまくった。それなのに、結果は……。

気を取り直して、その後も数回パーティーを開催した。私に縁結びの才能がなかったのか、結局このパーティーではカップル誕生といかなかったものの、やがて乙女たちは結婚して落ち着いていった。

スペアリーブとキャベツのトマト煮込み

骨の周りの肉がこんなに美味しいとは！

「17とは、人間ではいくつぐらいかね」
「90歳くらいかしら？」
「それはそれはたいしたものだね。わしらも頑張らなくてはね」

娘夫婦と私たち夫婦でニューヨークに旅行に行く時、迷ったあげくナンシーを動物病院に預けた。帰ってみると、悲しいかな立つこともおぼつかなくなってしまったナンシーは、その日から新婚の娘の家に連れられていった。日当たりのよい縁側、フワフワの布団の上で、暑い時には扇風機をあててもらい、まるで女王様のような待遇。さらに娘の手厚い介抱の甲斐があって、ナンシーはメキメキ回復していった。

そんな幸せなナンシーが、五月のある日、出産のため里帰りした娘と一緒にわが家に帰って来た。だんだん弱っていくナンシーは、玄関で娘の出産、生まれてきた赤ちゃんの元気に育っていく様子を、長老のような優しいまなざしで見守り続けた。

やがてお宮参りを済ませた娘と赤ちゃんは家に帰って行った。わが家に残されたナンシーは、八日後、名古屋のあの耐えられない暑い日、飛んで帰ってきた娘に一晩中頭を撫でてもらいながら、とうとう永遠の眠りについた。ちょっと近寄り難いほどの高貴な顔をして。

ナンシーはきっとこう思って死んでいったのだろう。
「怜美ちゃん（娘）も赤ちゃんが無事に生まれ幸せだ。そろそろ退いていいころかな」と。

難易度 ★★☆
所要時間 1時間30分

Main Dish

材料【6〜7人分】

スペアリーブ…………1kg
キャベツ………………1/2個
(食べやすい大きさに切る)
ホールトマト…………800cc(手でつぶす)
玉ねぎ…………………1個(みじん切り)
セロリ…………………1/2本(みじん切り)
にんじん………………1/2本(みじん切り)
にんにく………………1片(みじん切り)
アンチョビ……………3枚
赤ワイン………………1cup
ブランデー……………50cc
小麦粉、オリーブオイル

作り方

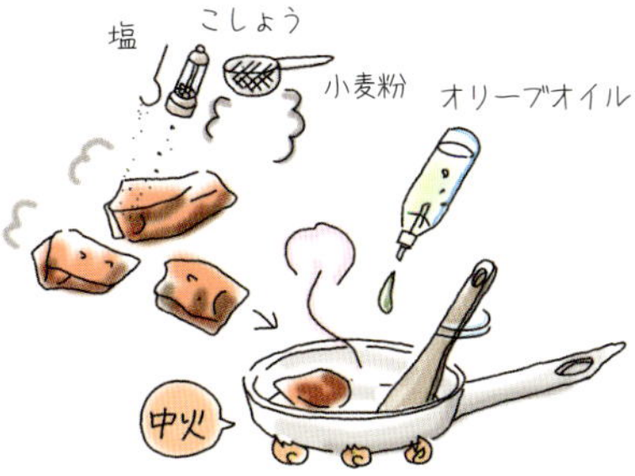

1

スペアリーブは塩、こしょうをして小麦粉をまぶし、オリーブオイルでスペアリーブをよく炒める。

2

オリーブオイルでにんにくを炒めたら、野菜類を加え、ねっとりするまで炒める。

3

スペアリーブを入れ、サッと炒める。

4

ブランデー、赤ワインを入れ、アルコール分を蒸発させ、ホールトマト、アンチョビを加えて、ヒタヒタに水を足し、煮る。

5

キャベツを入れ約15分さらに煮込み、塩、こしょうで味を調える。

MEMO

＊スペアリーブの表面をしっかり焼いて色づけること。
＊スペアリーブから出た脂をしっかり取り除くこと。
＊焦げないように鍋底を度々チェック。

ナンシーの死

もう何年前になるだろうか。八月七日、うだるような暑さの中、愛犬ナンシーは亡くなった。

ナンシーは娘が五年生の時、友人からもらい受けた犬。当時夫がプロデュースしていたジャズシンガー、ナンシー・ウイルソンの名前にちなんで名づけたのだ。

当時私はレストランを始めていたので、とても犬を飼っている余裕はなく反対だった。それが夫も手伝って娘と二人で世話をするということになり、飼うことにしたのだ。

幼い頃のナンシーは可愛かった。人懐っこい顔をして、曲がった短い足のバランスが悪く、歩く姿がとても滑稽な雑種犬。そんな短い足のくせに、雷が落ちるのを聞くと、信じられないほどの馬鹿力を出して、塀を飛び越えて外に出ていってしまう。

そんなナンシーも年齢には逆らえず、少しずつ老いていった。私は歳のバロメータは歯と足だと思っている。そこで愛犬の歯のためにと、思い出したようにスペアリブを作った。肉の部分は人間が、ちょっぴり肉つきの骨はナンシーが食べた。ボリボリ食べている姿を見て、「まだまだ大丈夫」と安心していた。

それでも足のほうはヨタヨタで、散歩をしているとお年寄りがよく声をかけてくださった。

「この犬、足が悪いのかね」

「いえ、でも17歳という高齢なので」

ラザーニア

ラザーニアは家で作るのが一番美味しい！

「お手伝いしたいひとー」駆けつけて来た、来た。

まず一番下にミートソースを敷き、それから第一段目のラザーニアをのせ、ミートソースを敷き、ホワイトソース、モッツァレーラ、パルメザンチーズを散らす。それを繰り返す。ラザーニアは量のバランスが肝心。

孫たちは責任重大な場面なので、多いの少ないの、あれを忘れたの、こぼしたのと大さわぎ。表面は赤と白、トマトソースとホワイトソースの美しい姿、チーズを散らしたらでき上がり。今回は作り立てのバジルソースも所々に散らすという凝ったもの。

やった！　孫たちのキラキラしたうれしそうな顔。最近食べが悪いと嘆いていたお嫁さんの、お代わりをするゆう君を見るうれしそうな顔。

まだ泊まるはずだったのに台風の接近で、急きょ東京に帰って行ったゆう君たち。そしてたいちゃん達も帰って行った。わが家はいち早く台風一過になったのだ。

静まり返ったわが家で、ほろ酔い加減の私は食器を洗いながら、

「ゆう君、今度はいつ来れるのかな」

とつぶやいているのだった。

難易度 ★★★
所要時間 1時間〜

材料【4人分】

ラザーニア………………12枚
モッツァレーラチーズ…200g(短冊に切る)
パルメザンチーズ………大さじ6~7
ホワイトソース…………2cup(5ページ参照)
ミートソース……………4cup(5ページ参照)
トマトソース……………1cup(4ページ参照)

作り方

1

熱湯に塩とオリーブオイル少々を入れ、ラザーニアを1枚ずつ入れ、ラザーニアがくっつかないように時々かき混ぜながら、約12分茹でる。

2

ふきんの上に重ならないように並べ、水気を切る。

3

バターを塗った耐熱器にミートソースを敷き、ラザーニアを2枚並べ、その上にミートソース、ホワイトソース、モッツァレーラチーズ、パルメザンチーズを全体に散らす。

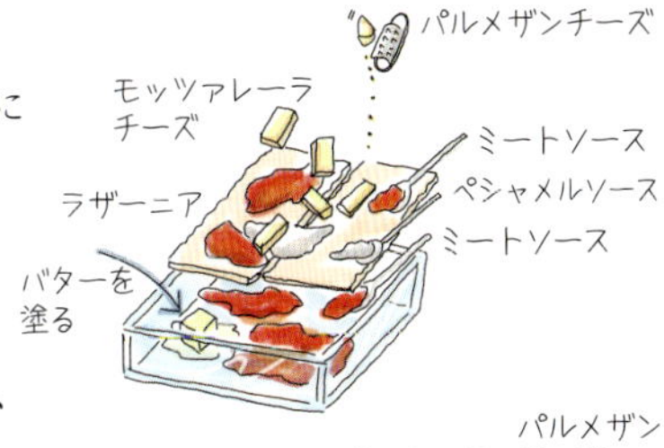

4

それを繰り返し、最後はトマトソースとホワイトソースを置き、パルメザンチーズ、モッツァレーラを散らす。

5

200~220℃のオーブンに15~20分入れ、表面にこんがり焼き色をつけたら、熱々を食卓へ。

MEMO

＊ラザーニアは水分の少ないミートソースを使用します。ホールトマトのトマトだけを使うか、蓋を開けて煮込みます。
＊ラザーニア麺は茹で上がったら、水に取ると熱くなく楽です。
＊前もってソース類を作っておくと短時間で出来ますよ。

ラザーニア大好き

九月の連休に息子家族が帰郷した。娘の子どもたち、たいちゃん、ななちゃん、ゆめちゃんは、わが家で到着を今か今かと待ちわびていた。

夕食は、息子の長男ゆう君のリクエストによる「ラザーニア」。

ラザーニアは大人から子どもまで大好きなイタリアン。私は家庭で作るのが一番美味しいと確信している。イタリアでは各家庭のマンマの味で、中身が少しずつ違っているらしい。わが家のラザーニアは、ミートソース、トマトソース、ホワイトソースの三種類を使うという、なかなか手間のかかるものだ。

三列に並べられる耐熱器を取り出す。この耐熱器、「ラザーニアプレート」とも呼ばれ、ラザーニア麺の大きさになっている。

さて、ホワイトソースを作って麺も茹でた。冷蔵庫から昨日作ったミートソースとトマトソースを出してくる。短冊に切ったモッツァレーラチーズとパルメザンチーズを用意したら、準備万全。孫たちはいつ呼ばれるかと、聞き耳を立てながら遊んでいる。

地鶏胸肉のレモン味

地鶏で作りたい爽やかな一品です

名古屋に来たばかりの頃、「旨いうどんを食べに行こう」と連れて行かれた先が味噌煮込みうどん専門店だった。見るからに辛そうなつゆに硬い麺、その時は「なんでこんなうどんが……」と思ったのだが、何回も食べるうちに、どの店の味噌煮込みうどんがどんな味で、などと人に教えまくっている始末となった。

また同じ頃に初めて〝ドテ〟なるものも食べた。牛や豚の腸を八丁味噌で甘く煮込んだ料理で、一緒に入っているコンニャクもいい。長ねぎの小口切りと一味唐辛子をかけて食べる。これがビールにも日本酒にもバッチリ合うのだな。八丁味噌は味噌でありながら脇役にとどまらず、主役に負けない存在感がある。

三つ目は、和菓子。

尾張名古屋は徳川御三家筆頭の親藩で、お茶、お花、日本舞踊などが盛んな「芸所」として知られている（その反面、洋ものに関しては残念ながら名古屋を素通り）。特に豊臣秀吉以来の歴史ゆえ、お茶は今でも市民に広く愛されている。名古屋は料理の味付けが濃いが、和菓子に関しては違う。甘さ控えめでとても上品。この対比も面白い。

材料【4人分】

地鶏胸肉……………………………2枚
香味野菜（にんじん、玉ねぎ、セロリ、ねぎなどのくず）……………一握り
玉ねぎ………………………………1/2個(スライス)
にんじん、セロリ……………各1/2本(千切り)
漬け汁
　レモン汁……………………大さじ3
　酢……………………………大さじ1
　粒マスタード……………大さじ1
　しょう油……………………大さじ1.5
飾り用野菜
　しょうがのみじん切り…少々
　細ねぎの小口切り………適量
　青ジソの千切り…………適量
　みょうがの千切り………適量
　EXVオリーブオイル……少々

作り方

1

熱湯に香味野菜と塩小さじ１を入れ、沸騰したら鶏肉を入れて中火で約３分煮て、ゆで汁につけたまま冷やす。

2

玉ねぎ、にんじん、セロリをサッと炒め、塩、こしょうをする。

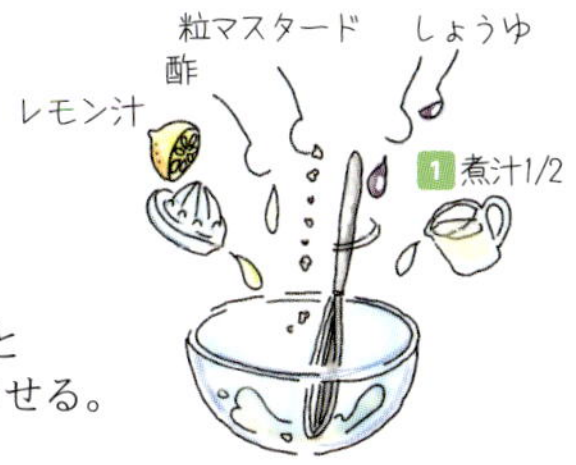

3

ボールに漬け汁の材料と1の煮汁1/2cupを合わせる。

4

1の鶏肉の皮を取り除き、削ぎ切りして大皿に並べる。

5

その上に2の炒めた野菜をのせ、3の漬け汁をかけ10分くらい漬け込んでおく。

6

食べるとき、飾り用野菜を散らし、EXVオリーブオイルをかけて食卓へ。

MEMO

＊ゆで汁につけたまま冷ますと、鶏肉がしっとりと保てます。ゆで汁はスープなど他の料理に利用しましょう。

名古屋よいとこ　食いどころ

大学の先輩が名古屋に転勤が決まった時、同僚に言われたそうだ。

「名古屋かぁ〜、名古屋の女はブスばっかりだし、食べ物はまずいし、夏は暑いし、気の毒に……」。その先輩、期待しなかったのが良かったのか、名古屋がすぐ好きになって、帰る頃には後ろ髪を引かれる思いだったようだ。

女性のことは好みの問題、夏の暑さはしかたがないとして、食べ物がまずいというのには反論したい。私が名古屋に住むようになって早四十年余、この地域には誇れる食材が三つあると常々思っている。

一つ目は、何と言っても鶏肉。

名古屋に住みはじめて、最初にうれしかったのが地鶏。先祖代々名古屋人のお隣さんから教えてもらったのが、今はなき鳥料理専門店「鳥孝」の水炊き用テイクアウト。まったく臭みがなく、こってりした血肝にも感激した。お陰様で夕食にも来客にも、よく鶏の水炊きの登場となり今日に至っている。今は鶏ガラスープも自分で作るようになり、肉は奥美濃の古地鶏を使用している。

二つ目が、八丁味噌。

おわりに

私の料理作りのモチベーションは、「美味しかった」と言ってくれる人の存在です。結婚当初から美味しいものに目がなく、味に厳しいわが夫。幼い頃からイタリアン好きだったわが子たち。そして何よりもうれしいことに、今や孫たちも加わって、私の料理を楽しみにしてくれています。

また、さりげなく出す新作メニューを、あっという間に平らげていくワイン仲間たち。野菜好きの私のために作物を作り続けてくれる友人がいるのもうれしい限りです。新しいレシピ作りの原動力になっている料理教室の生徒さんたちも、私には大事な存在です。そして、新しい人との出会いがあり、「何を作ろうか？」と考えあぐねるのも楽しいひと時です。

たくさんの笑顔が見たくて、今日もキッチンに立つ。これもなかなかいいものです。

『お家庭《うち》で作ろう　さっぱりイタリアン』の出版にあたり、多くの方々にご協力いただき、大変感謝しております。

以前出版しました２冊同様、今回も佐々木勢津子さんにイラストを描いていただき、料理の手順をわかりやすく解説しました。彼女のイラストは、優しいタッチで、自然の食材を使った私の料理としっくりくるのです。デザイナーの松浦敏弘さんも、前の２冊同様辛抱強く、私の要望を聞いてくださいました。また娘の佐渡原怜美も３人の子育ての中、写真撮影に、テーブルコーディネートに、と奮闘してくれました。

苦手な文章の手ほどきをしてくださったのは、シナリオライターの芳賀倫子先生。お蔭様で前の 2 冊でお世話になった印刷会社社長・木野瀬吉孝氏にお誉めの言葉をいただくことができました。先生にはまた、風媒社の編集長・劉永昇氏をご紹介いただきました。

劉編集長が編集に加わってくださることにより、プロの手が入るとこんなに素晴らしい本になるのだと感激いたしました。

皆様のご協力の賜物と深く感謝いたしております。

Tomiko Ito Profile

早稲田大学文学部哲学科心理学卒業。
CBSソニー(現ソニー・レコード)入社。同僚のジャズ・プロデューサーと結婚。
1973年、アメリカ・ヨーロッパを6ヶ月間の旅行中、ニューヨークで食べた料理に感激し、イタリア料理に興味を持つ。その後、名古屋に移り家業である調理パン製造をサポートしながら、自然食品を使った独自のイタリア料理レシピを始める。
1985年、フレンチレストラン「スプリングストリート」を開店するも6ヶ月で閉店。
1993年、自宅で「おもてなし・イタリア家庭料理教室」を始め今日に至っている。
2015年より名古屋文化大学非常勤講師。

著書紹介

『食卓の主役はあなた
イタリア式家庭料理』

作り手が初めから皆と一緒に食卓を楽しめるように、さまざまな工夫をして2品同時に仕上げられるおもてなしレシピ集(全レシピイラスト解説)。
2000年刊。本体1905円。

『母と娘のレシピ集
イタリア式家庭料理Ⅱ』

旬の食材を厳選し、自然食品を中心にしたイタリア家庭料理レシピと、パティシエ担当の娘が作ったデザートレシピをご紹介(全レシピイラスト解説)。
2005年刊。本体2286円。

著者／伊藤とみ子 Tomiko Ito
フードスタイリスト
〒466-0815 名古屋市昭和区山手通り1-9-2
プラウド山手通901
TEL&FAX 052−893−6922
E-mail　springst@nifty.com
URL　http://springstreetnagoya.com

制作スタッフ
アートディレクター＆デザイン＆編集
松浦敏弘 Toshihiro Matsuura
MAD Center
E-mail　mad104@mad104.com
URL　http://mad104.com

イラストレーター
佐々木勢津子 Setsuko Sasaki
E-mail　ea-@nifty.com

テーブルコーディネーター＆フォトグラファー
佐渡原怜美 Remi Sadohara
E-mail　sadohara@ab.wakwak.com

お家庭《うち》でつくろう　さっぱりイタリアン
2016年1月30日　第1刷発行
著者　伊藤　とみ子
発行人　山口　章
発行所　風媒社
名古屋市中区上前津 2-9-14　久野ビル
TEL 052-331-0008　FAX 052-331-0512

ISBN978-4-8331-5301-0